Por si nos da el tiempo

Para Hernán Díaz,
por el tiempo dado
y la pulsión de
vida. Escríbeme
ramosj@socrates.
berkeley.edu.

Julio
NYU

EL ESCRIBIENTE

JULIO RAMOS

Por si nos da el tiempo

BEATRIZ VITERBO EDITORA

Pr863   Ramos, Julio
RAM   Por si nos da el tiempo.- 1ª. ed.– Rosario : Beatriz
         Viterbo, 2002.
         112 p. ; 19x12 cm.-(El escribiente)

         ISBN 950-845-121-1

         I. Título – 1. Narrativa Puertorriqueña

Biblioteca: *El escribiente*
Ilustración de tapa: Daniel García

Primera edición: noviembre de 2002
© Julio Ramos
© Beatriz Viterbo Editora
España 1150 (S2000DBX) Rosario. Argentina
www.beatrizviterbo.com.ar
info@beatrizviterbo.com.ar

Queda hecho el depósito que previene la ley 11.723
Impreso en Argentina

Para Pepe y Cristina
Para Luz,
Yolanda y Nelly
por tanto tiempo

Como ocurre a menudo en este medio, todo o casi todo, comenzó en un viaje. Escribo en la isla y desde mi ventana veo un pájaro rayar la neblina densa que cubre la bahía esta mañana de junio. Me ha tomado años llegar a comprender (es un decir) la razón de los veranos tan oscuros y fríos en la ciudad. Ahora que la observo desde la isla y veo cómo se disipa su brillo cada vez más tenue al amanecer, sé que San Francisco es el límite donde comienza el Oriente.

También es cierto que la ciudad se resiste tercamente a reconocerlo. Se proyecta como el punto final de algo que se viene abajo hasta caer al agua. Vive, digamos, de espaldas al Océano. Parece que así ha sido siempre. Cuando el terremoto la hizo trizas en 1906 –incluso entonces, cuando surgía una oportunidad real para el cambio, para reinventarla tomando en cuenta los vientos marítimos– los seguidores del Plan Regulador volvieron a imaginársela allí, medio enfrascada, a la orilla de esa bahía ciertamente ancha, que se extiende con sus aguas plácidas por casi 30 millas hacia el sur. Por partes la bahía engaña y parece un mar interior, pero las luces costaneras la rodean y la demarcan. El incauto corre el riesgo de posar y descansar la mirada en la superficie aparentemente inmutable de la bahía. Aún en estos primeros minutos del amanecer, el agua corre oscura hacia el sur, como si fuera de lona negra y flotara arrugada sobre sí misma.

Detrás de la ciudad está el mar abierto. Mirarlo produce una sensación parecida al vértigo. Al menos es lo que produce en mí. Tal vez por eso hace unos años se me ocurrió ir a las playas de la ciudad con frecuencia. Ir para sentarme en la arena y darle rienda suelta a la mirada, como lo hacía con Pepón Arroyo en Isla Verde cuando me contó la historia de aquel viaje al Ecuador que le tomó 25 años. Casi la mitad de una vida. La verdad es que Pepón, el primo de mi madre, me contaba siempre la misma historia, cada sábado de tarde, durante el par de meses veraniegos, calurosos –ya tan remotos– del 83, que pasé con él de visita en aquella otra Isla. Me contó el viaje frente a aquel mar tan distinto de estas peñas acantiladas donde rompen frías las olas del Pacífico.

Creo que a Pepón esta vista no le hubiera interesado mucho. Tal vez las focas sí, porque las focas seguramente le recordarían las tarjetas postales de las Galápagos que el primo le enviaba de vez en cuando a mi madre a mediados de los años 50. Fue por esos años cuando Pepón de un día para otro hizo las maletas y se fue diz que para Quito. Más nadie de la familia volvió a verlo ni a saber absolutamente nada de él por varios años, hasta que un buen día llegó a su casa en Canóvanas una postal de las Galápagos que decía muy poco, tan poco como estoy de pesca y los quiero siempre. Mi madre me decía en voz baja que conocía la clave.

Hasta la más inocentona mención de su nombre generaba sospechas en la familia, porque Pepón era un tipo distinto, medio exuberante, y las historias se multiplicaron girando en el vacío que dejó su partida. Se quedó en Quito decían que enamorado de una poetisa de la provincia de Esmeraldas, hasta que un día en el 78 ó 79 la embajada americana lo localizó en un hotelucho de mala muerte en el Centro Antiguo de Quito –Pepón mismo le había puesto el nombre de Hotel Puerto Rico– para entregarle *person to person* las malas noticias de la enfermedad de su madre. Llegó un viernes de tarde el telegrama urgente de las hermanas de Pepón diciéndole que Finí Arroyo tenía un cáncer del páncreas y estaba a punto de morir, y le pedían al Cónsul que localizara al hermano pródigo. Frente al mar de Isla Verde –tan distinto del Océano que ahora observo a través del enrejillado de mi ventana, cada vez más espumoso y blanco al amanecer– fue un sábado de aquellos que Pepón me contó la verdadera historia de su viaje. Vaya uno a saber. En todo caso era una historia muy distinta de las que habían circulado en la familia y entre sus amistades políticas y literarias de Río Piedras. Recuerdo que cuando le pregunté en el 83 que por qué no se regresaba a Quito, ahora que su madre ya estaba muerta y enterrada, Pepón me dijo: primo, hasta los nómadas más consecuentes tienen su corazoncito. Para mí, en cambio, era obvio que Pepón tenía el corazón roto, más que roto, a pesar de los estupefacientes que le inyectaba a diario el médico de la familia, el conocido Dr. Arroyo Gris, colaborador infatigable de aquel otro médico de vocación literaria, don Cesáreo Rosa Nieves, quien sacrificó su carrera médica, parte de su carrera, para dedicarse de lleno a la historia de la literatura.

Esta turbulenta meseta azul tiene muy poco que ver con la brisa cargada de arena fina que te araña tan suavemente la cara en Isla Verde. A fuerza de ir casi a diario a sentarme solo –era importante ir sin compañía– frente al Pacífico aprendí a mirar la distancia azul sin sentir la sensación extraña de vértigo. Y ahora que el tiempo ya no me pertenece (como si alguna vez me hubiera pertenecido) desde esta isla puedo mirar de frente el océano sin la necesidad de recurrir al subterfugio de algún puerto conocido al otro lado del horizonte. Aunque también sé –y tal vez sea necesario que lo diga ya– que al otro lado de la superficie azul hay un punto diminuto del mapa llamado Corea. Allí hubo una guerra, tan absurda como todas las demás guerras, y en esa guerra murió mi padre.

Debí haberme mudado de la ciudad a tiempo, aunque como dicen, uno se muda y en la maleta se lleva a uno mismo. Necesitaba mudarme de mí y mirar la extensión indiferenciada del mar abierto era un buen ejercicio, porque la ciudad es demasiado proclive a los accidentes. No me refiero necesariamente a los terremotos, ni a la topografía de la ciudad que se repliega a la vuelta de cada esquina, resistiéndose a cualquier principio de nivelación con esas subidas y bajadas tan dramáticas que si bien lucen encantadoras en una que otra película de Hollywood, la hacen –a San Francisco, digo– una ciudad tan difícil de recorrer a pie, a pesar de que es bastante pequeña. Podría culpar a Eddie Palmieri –*Un día bonito*, con la voz alta de Lalo Rodríguez– de mi estadía prolongada en esta ciudad, más allá del tiempo previsto por los contratos y el Plan Regulador.

Por eso ahora me toca hablar de otro tipo de accidentes. Han sido ocasionalmente sucesos mínimos, aparentemente inocuos. Otras veces son francamente calamitosos y se les nota de lejos la cresta de fuerza arremolinada cuando uno los ve venir, si es que por alguna coincidencia nos da el tiempo para anticiparlos y calcular las distancias. El cuerpo se te retuerce y sólo después de la carrera –porque a veces hay que correr– llega la calma. Sí, la calma puede llegar como un fuetazo, una calma honda que te deja la piel marcada, aunque al fin y al cabo es una muerte demasiado tierna y pasajera.

No quiero dar la impresión de que el peligro se debe a la dimensión o a la duración del evento: por fugaz que parezca, cuando irrumpe la fuerza, le descuadra al viajero –o hasta al residente más antiguo de la ciudad– la agenda reservada para el día, o hasta peor, la ilusión de continuidad y coherencia requerida para tener un sentido más o menos integrado de lo que uno es. De lo que uno debe creer que es.

Ambos, ella y él, saben perfectamente a lo que me refiero. Antes de que aparecieran de golpe en mi vida, había pasado un par de meses en La Habana, hospedado en el Habana Libre del Vedado. Hacía los preparativos finales para el regreso a California cuando recibí la primera llamada telefónica. Él era un joven intelectual chileno. Al parecer no le iba mal. Se ganaba la vida publicando notas y entrevistas en *El Mercurio* de Santiago de Chile. Ya me había entrevistado anteriormente cuando estuve por allá en julio del 96, una nota que tituló "Un latinoamericano *sui generis*". Suplementaba el sueldo de periodista con una que otra beca universitaria o de investigación histórica que le permitía viajar con bastante frecuencia. Cuando no viajaba, pasaba varios meses del año ejercitando los hábitos de la vida estudiantil. Sería injusto pensar que era un impostor. Pero ciertamente tenía ambiciones mayores, no sólo de carácter literario.

Aquella mañana lo esperé en el lobby del hotel un poco más de lo que acostumbro. Venía a verme solo, aunque ya para entonces sabía que viajaba con una amante. Se llamaba Ana. Ella regresaba a Cuba por primera vez tras un desesperado intento de salida aquel agosto terrible del 94 que la condujo a Guantánamo, donde estuvo detenida, presa, en la base norteamericana hasta mediados del 95. Todo lo que aquí recuerdo debe haber ocurrido hacia los días finales del *periodo especial*, junio o julio del 99, cuando el Estado comenzó a dar permiso de entrada a los balseros –emigrados económicos los llaman. Carne de tiburón precisamente en aquel punto donde las corrientes del Golfo socavan la línea fronteriza imaginaria, que, define las aguas nacionales. Por allí a pique los encontró el barco de la Marina. Estoy seguro de que fue por esos días porque aún mantengo el manuscrito de la entrevista que me hizo Santiago Lavoe en Cuba entre las fotocopias y notas de un proyecto fallido sobre Carlos Montenegro, el autor de una novela carcelaria clásica, *Hombres sin mujer* –un buen ejemplo de lo que ahora suele llamarse el *realismo sucio*. Me resulta fácil recordarlo con cierta precisión porque en la entrevista le cuento a Lavoe esa historia que nunca había contado antes –la historia de Pepón Arroyo en Quito y Esmeraldas según me la había contado él mismo en el 83 frente al mar de Isla Verde. Ahora ambos, el texto de la entrevista y las notas sobre Carlos Montenegro se me revuelven en la cabeza con una fuerza que debo por el momento contener, por aquello tan cierto que decía ella, Ana, que *cuando las ideas tocan el cuerpo se pierde la cabeza.*

Santiago había cambiado mucho desde el 96, cuando nos presentaron en Chile, pero lo reconocí en cuanto tropezó levemente con la puerta de entrada al hotel. Llevaba el aura de poeta o intelectual distraído a flor de piel y a punto de desmoronársele. Bajo el sol habanero me pareció un personaje de Onetti, abstraído, doblemente extranjero –porque incluso en su país Santiago tiene que haber parecido un extranjero– sudoroso y algo gordo, además. El gabán le caía ampliamente sobre los hombros, lento, como sus pasos, anacrónico, de un lino verde claro con el brillito ese del hilo de seda, vistoso aún a pesar del gasto –una de esas piezas descubiertas probablemente tras laboriosas horas de rastreo en los mercados de pulga que proliferaron en La Habana Vieja luego de la disolución soviética y la dolarización de la economía en el 92. Como la leche alemana en polvo o la sueca de cajita ahora pienso que el gabán debe haber llegado a Cuba por los caminos más retorcidos, atravesando Guayaquil o Panamá, flotando entre objetos descartados por los mercados de otras partes. El desecho cobraba un sentido imprevisto, reensamblado y transformado en algo muy distinto de su función inicial, como ocurrió en el 93 con los motorcitos de distintos dispositivos de fumigación que –cuando faltó gasolina para los autos– pasaron pronto a impulsar muchas de las cientos de bicicletas que se desplegaban hegemónicas por las arterias principales de La Habana.

Aquella mañana no tardé mucho en discernir la piel algo endurecida tras la mirada aniñada de Santiago Lavoe. Mantenía el mismo aire de inocencia o hasta de distracción hermética que le recuerdo de antes, pero se le notaba el cansancio en los ojos y en el rostro. También era visible su desubicación entre los gestos sincopados de los otros huéspedes del Habana Libre quienes (seguramente como yo) a medias simulaban la espera de algún mensaje decisivo, una carta, algún sobre con instrucciones crípticas para la inversión salvaje en algún aspecto de la venta de La Habana. Su estilo tampoco guardaba relación alguna con los otros, los huéspedes que daban vueltas ansiosamente por el lobby del hotel, alertas al reconocimiento de un perfil antiguo, o acaso todo lo contrario, al encuentro de un rostro casi infantil, capaz de accidentarle a uno irrevocablemente los planes de investigación o de especulación financiera proyectados para aquel junio o julio de 1999 cuyo *realismo sucio* tranquilamente podía descuadernarle las posiciones acérrimas a Brecht o a Lukács en torno a la correcta representación del delirio en los trópicos.

Bienvenido, Santiago, le dije (pensando en Bob, aquel personaje de Onetti traicionado por el engaño de su propia juventud) y palpé su incomodidad en la liviandad de la mano derecha. Al principio pensé que estaría ansioso por la tardanza. Le ofrecí un café y vi cómo se secaba la frente lentamente con una de las escasas servilletas que encontró regadas sobre la mesa. Con raro fervor, el mozo fue excepcionalmente rápido. Así fue todo aquella mañana: muy pronto al grano, aunque a fin de cuentas poco, o demasiado poco, en limpio.

Santiago quiso pagar la cuenta, pero me levanté pronto de la silla e inclinando la mirada hacia la suya le expliqué, mientras sacaba la billetera y carteaba los dólares, que dada la situación y la circunstancia de su visita, era lo menos que podía hacer, y que lo hacía –añadí con fingida autoridad– más por la diferencia de edad, que no era tanta, que por algún implícito reclamo de superioridad moral. Santiago encendió un cigarro y citó algo de Nietzsche.

Recuerdo que bromeamos ligeramente sobre la moral y las deudas contraídas en hoteles como el Habana Libre, que contaba ya con cierto prestigio literario. ¿No te parece, Santiago, le dije, que uno podría hacer toda una historia literaria, de hecho una historia intelectual, a partir de los distintos encuentros de escritores en hoteles como el Habana Libre? Pienso, por ejemplo, le dije, en el *Martín Fierro* o en el *Junky* de William Burroughs. Y cuando mencioné el hotel de Tánger donde se hospedaba Burroughs mientras le escribía las cartas a Ginsberg que luego se juntaron para formar *Junky*, no pude evitar el recuerdo del Hotel Puerto Rico que mi tío Pepón Arroyo había fundado (esto también es un decir) entre las ruinas del Centro de Quito. El hotel Puerto Rico: un tropo, a fin de cuentas, ya por siempre desubicado, empotrado entre las piedras de aquel barroco distante que con el paso de los años le dio aposento al enigmático nómada boricua.

Yo mismo llegué a pasar un par de meses hospedado allí en el 95 tratando de atar los cabos sueltos de su vida para una biografía que en realidad sería la historia de mi propia vida, porque escuchar la historia de Pepón Arroyo frente al mar fue ciertamente el momento por ahora principal e inexorable de mi vida. Cuentan que Pynchon logró evadir por tanto tiempo a los periodistas (detesta las entrevistas) porque pasaba meses enteros en pequeños *bed-and-breakfast* situados a lo largo de la remota costa de Humboldt County, al norte de Mendocino, en California. En cada hotelito escribía tres historias y pronto se mudaba, hasta que así, de vuelta a Nueva York, meses después, ya había hilvanado las quinientas y pico historias de *V*.

Sabes, Santiago, creo que hay literaturas de paso que responden a un impulso hotelero incontenible. Otras son de pulsión telúrica y buscan arraigarse, fundar casa en el vecindario de lo autóctono con su metáfora familiar. El escritor puertorriqueño Rubén Ríos me comentaba una vez que varios de los autores de la segunda zona deberían dedicarse al negocio de bienes raíces. En los bajos de las literaturas hoteleras, uno encuentra la motelera, me decía Rubén, donde la economía de la cita y la segunda mano funciona como las mesas de poker en los *Westerns*. Su razón de ser es que pase agua turbia por debajo. A veces de los fondos surge un clásico alternativo. Por ejemplo, Fitzgerald pudo haber escrito el *Crack-Up* tras su expulsión de Princeton en *El Flamingo*, un motel en la desolada *Route 1* entre Trenton y Princeton, NJ, donde de hecho se guarda todavía la foto de uno de aquellos primeros carteles gigantescos tan tímidamente descritos en el *Gatsby*.

Santiago inicialmente escuchaba con alguna atención, creo que un poco sorprendido por el desenfado neoconservador del tropo hotelero, en el fondo tan nostálgico como los tropos contrincantes. Recuerdo también cómo su mirada se deslizaba de vez en cuando hacia mis brazos. Qué curioso. Sospecho que a Santiago lo distrajo el alacrán de la muñeca derecha. Por esos días aún trataba de disimularlo en ciertos círculos, bajándome las mangas de la camisa blanquísima, almidonada, que llevaba puesta aquella mañana habanera, porque los alacranes no pueden quedar así, expuestos al sol. Me bajé las mangas y como para inyectarle un poco de chispa a la hipótesis hotelera le dije, ahora más de cerca, fíjate Santiago cómo se desplazan las cosas. Imagínate la conversación sobre

Lezama Lima que pudieron haber tenido Virgilio Piñera y Pepe Bianco en este mismísimo lugar. Piensa que sus palabras bien pudieron haber volado en una brisa que haría el mismísimo recorrido de la brisa que en este momento transporta nuestra conversación, que se pierde entre tus oídos.

El hotel es donde se producen los contactos oscuros de las literaturas nacionales, dije filosóficamente. Te cuento que la poeta Fina García Marruz estuvo en Puerto Rico en el 78 o 79 (pudo haber sido el 80) no recuerdo la fecha exacta. Venía con su marido Cintio Vitier a visitar la Sala Juan Ramón Jiménez en la Universidad de Puerto Rico. Se hospedaron en el Hotel El Convento del Viejo San Juan. Y allí un día la poeta cubana se topó por casualidad con Pedro Pietri, el poeta nuyorican. Fina lo recuerda en unos apuntes de viaje que publicó luego en la revista *Sin Nombre*. Se cruzaron una mirada y Fina pensó que el aspecto estrafalario de Pietri, y sobre todo su lengua (hecha, como las otras, a fin de cuentas, añado ahora, de la intensidad generada por los fragmentos de vernáculos en contacto) era una venganza contra el colonialismo. El pensamiento de la poeta cubana reducía a Pietri a una pura negatividad: cada gesto suyo se explicaba como efecto del colonialismo.

Por cierto, en la biblioteca clandestina y rodante de Pietri seguramente no se encuentra *Platero y yo*, añadió Santiago con una ironía punzante que no le conocía de antes, de cuando tuvimos aquella larga conversación en Chile sobre el poeta, exguerrillero y ladrón salvadoreño Alberto Mendoza. Me imagino a Pietri, dije yo, de mirada tan adiestrada a ser esquiva, el gran poeta nuyorican, performero, vestido de pastor protestante (su padre fue el pastor de la primera iglesia bautista tomada por los *Young Lords* a fines de los 60) repartiendo condones por todas partes y dialogando en español nuyorquino con García Marruz. ¿Dónde más pudieron siquiera darse la mano el poeta nuyorican y la poeta de *Orígenes*, si no allí, accidentalmente, en el lobby de un hotel que, por otro lado, años atrás había sido un convento de monjas? Dos tradiciones tan lejanas –y fíjate, Santiago, ambas en el interior de la misma lengua– apenas se tocan y se acarician en un lugar de tránsito y arriba de eso medio apócrifo.

Fíjate, Santiago, continué, cuando el gobierno de tu país envió a Sarmiento a viajar a Europa y a los Estados Unidos en el 48, <u>Sarmiento escribió más sobre los hoteles que sobre las escuelas</u>. Santiago me miró con enfática desconfianza, porque seguramente conocía la historia de Sarmiento en Chile mucho mejor que yo. Para Sarmiento, continué, la altura de una civilización podía medirse en los metros cuadrados que ocupaban sus hoteles. Hablo en serio, le dije: por eso Sarmiento pensaba que era necesario podar la raíz hispánica de la cultura sudamericana (sic). Como aquel árbol que sus hermanas arrancan de raíz, sin sentimiento alguno de culpa, en los *Recuerdos de provincia*. Porque en Madrid casi no había buenos hoteles, insistía Sarmiento en sus *Viajes*, y no hay peor cosa, le decía yo a Santiago, que una multitud de canarios (hablo de pájaros) melancólicos silbando a ciertas horas impúdicas de la mañana. No, no exagero. Madrid le parecía a Sarmiento una ciudad soñolienta, sedentaria. Con idéntica energía admiraba los hoteles norteamericanos, incluso más que los franceses, porque en los hoteles del Norte (e igualmente en los trenes) veía que las mujeres y los adolescentes podían viajar solos sin sentirse amenazados o moralmente vigilados. La movilidad de los cuerpos lo entusiasmaba. Aquellos hoteles de Washington o Filadelfia lo impresionaron tanto, más tal vez que el mismísimo Capitolio Americano. Claro, me parece que no hay ni palabra sobre la invasión de México dos años antes.

Martí también notó la fluidez de los cuerpos en sus flanerías por Brighton Beach en Coney Island –que es hoy un barrio de inmigrantes rusos, añadió Santiago, recordándome que por allí había vivido Ana, su compañera, después que la embarcaron de Guantánamo y que la reclamó su familia de West New York. Pero le mortificaba –tomé yo la palabra– la idea de aquellas *madres que paseaban solas y sin marido*. Y esto te lo digo con un poco de ironía, porque cuando uno lee esa frase no puede evitar preguntarse qué hacía Martí por allí, de paseo, observando de cerca los cuerpos de la masa retozar en la arena brillosa y húmeda de Brighton Beach. Para Sarmiento el hotel era el lugar emblemático de la cultura moderna. A Martí la vida moderna le parecía un cuarto de hotel, en el peor sentido. La cultura requería reposo, debía echar raíces y poseer lugares altos para mirar de lejos los cuerpos de la multitud.

Jenine entró al hotel justo cuando dije *vida moderna* (¿o sería antes, cuando dije *viajes*?). Me saludó de reojo. No podía tener más de 16 años. Maquillada parecía una bailarina estelar del Tropicana o una modelo de telenovela mexicana. Saludó con una sonrisa leve, discreta. Se podía llamar Creta en vez de Greta Jenine, le dije a Santiago, pero creo que no comprendió el pun. Prefirió observar mi reacción que mirarla a ella cuando pasó delgada hasta la cintura, estratégicamente lenta frente a nosotros, camino a la mesa del italiano con quien obviamente tenía una cita. Tomaron algo, esperaron pacientes la cuenta (el mozo convenientemente tardó esta vez) y abrazados como palomos desfilaron absortos en lo suyo frente a nosotros, lo que le permitió a Jenine saludarme nuevamente de reojo, aunque ahora más de cerca. Al pasar susurró unos versos, tal como lo hacíamos unos meses atrás: *Pugnamos ensartarnos por un ojo de aguja. Pues vamos cuelvo a fecundar tu cuelva.* Sonreí. Jenine me insistía que en la escuela el maestro Redonet les decía (tiene que haber sido en broma) que eran versos de Severo Sarduy. *Tú que manqueas apenas pululando.* Lo dudo, le dije en tono magisterial, son versos de Vallejo, pero a ella no le interesaba Vallejo, ni para entonces el mismo Sarduy.

Martí pasó 15 años exiliado en Nueva York, continué deliberante. Rara vez lo comentó en sus escritos, pero debe haber pasado largas temporadas en hoteles de tránsito y en pensiones nuyorquinas, como aquella casa de huéspedes donde se enamoró locamente de la dueña, su amada Carmen Mantilla, unos años después que su primera esposa regresara a Cuba con el hijo José Francisco de dos o tres años. La separación del hijo lo quebró, entre otras cosas, está claro, Santiago. Marcó su escritura –no sólo la del *Ismaelillo*, como siempre se dice– sino toda esa escritura tan urbana, desgarrada, que lo rompe hasta que lo *manda el médico al monte* a escribir los *Versos sencillos* en el 91. *Vino a verme un amigo y a mí mismo me preguntó por mí. Ya en mí no queda más que un reflejo mío, como guarda la sal del mar la concha de la orilla, cáscara soy de mí, vacía, sin fruta, desgarrada, rota,* recitó fríamente Santiago de memoria. –¿Cómo conoces tan bien el poema? –le pregunté sorprendido. –Es una de las razones por la que he venido hoy a entrevistarlo, porque sé que usted conoce bien el poema, "Domingo triste", si mal no recuerdo y tengo, entre otros papeles, su manuscrito.

De primera intención no caí en la cuenta de lo que Santiago me decía. ¿Te imaginas, Santiago, la intensidad que lo llevó a la lengua rota de ese poema? Estos versos deben ser de mediados de los 80 –1880–, cuando Darío aún leía a Verlaine. El dolor –por llamarle de algún modo– lo puso a escribir con una energía desconocida en la lengua. Lo quebró (repetí, ya por última vez) y lo dejó en la calle. ¿Sabes, Santiago, quién fue uno de los primeros en notar esa energía nuyorquina de Martí? Fue el mismo Sarmiento, quien con cierto fervor policiaco le seguía la pista en las crónicas sobre los Estados Unidos que Martí publicaba cada quince días en *La Nación* de Buenos Aires.

Imagínatelo escribiendo como loco, porque así se ganaba la vida. A principios de los 80 no tenía casi plata. Debe haber tenido un acento espesísimo en inglés, porque era tan pegado a la lengua, aunque por otro lado no cesó de enrarecerla nunca. Cuando llegó a NY en enero del 80 hablaba mejor francés que inglés, por aquella afición que tenía por Sarah Bernhard, a quien había conocido en París cuando lo desterraron de España en el 78. Ya lo habían echado de Cuba, de Guatemala, de México y de Venezuela. *Todo me ata a Nueva York, todo me ata a esta copa de veneno* –decía. Y además de los exilios, la llamada comunidad por varios años lo atacó por la condición "inmoral" de su amor por Carmen Mantilla. Martí debe haber escrito buena parte de lo mejor de su obra de esos años en habitaciones modestas, muy urbanas. Eran las únicas que le permitía alquilar su sueldo de periodista, en vecindarios de la ciudad demasiado expuestos al ruido de los trenes elevados, que le causaban pavor. Aunque Martí insistía en que las grandes obras de la cultura requerían la serenidad de la casa, su escritura es un constante registro del estruendo de la calle. Y no te hablo de los caminos de las grandes aldeas. Te hablo de Nueva York. Por eso pienso, Santiago, que no hay que perder de vista la paradoja oculta en sus palabras: Martí vivía en Nueva York cuando reflexionaba contra la vida en los hoteles y fue en esos mismos hoteles donde se imaginó el telurismo ése por el que se le recuerda tanto y por el que dio finalmente la vida. Sarmiento, en cambio, vivió en las "grandes aldeas" de Santiago de Chile o Buenos Aires y añoraba la modernidad lejana. Imaginaba la modernidad como algo del futuro. Por eso creo que sus viajes del 1848 son ficciones futurológicas. Sarmiento pensaba que se desplazaba en el tiempo hacia el norte, el futuro ineluctable del sur.

Santiago respondió con ciertos gestos de discreta aprobación, pero era obvio que mis deliberaciones no le interesaban mucho. Creo que con tanta hipótesis lo apabullé demasiado pronto. O tal vez, no recuerdo con exactitud, ya para entonces la cosa se ponía cada vez más tensa en el lobby del hotel. Santiago me miró a los ojos como queriéndome decir algo, supongo que sobre Jenine: que nos moviéramos para actuar, que aquello que estaba pasando allí era una injusticia asquerosa, pero en cambio me dijo, ahora muy serio, que de cualquier modo nosotros ocuparíamos, si alguno, un lugar seguramente imperceptible en aquella historia digna del auspicio de una elegante cadena hotelera. En esa historia serían importantes los mojitos del Habana Libre, me dijo, por las reuniones del Che a la orilla de la piscina, o el encuentro de Ernesto Cardenal con los poetas cristianos de La Habana, o la visita de Sartre, o del mismo Walsh, sí,

Walsh quien casi pierde la cabeza delirando por la humedad inevitable de la Habana negra. El mismo lo cuenta en *Ese hombre*, dijo Santiago, y sin tanto eufemismo. Nuestra conversación no llegaría ni a una nota al calce de esa historia, dijo en tono malhumorado, mientras observaba distraídamente el incesante tráfico de cuerpos en el lobby y la discusión repleta de gestos que de pronto entabló Jenine con un agente de la seguridad del hotel. Los hoteles me parecen despreciables, tanto o más que los dogmas caseros o telúricos, dijo. Aunque sí debo decirle, añadió de coda, como para evitar la ofensa, que me interesa aquello de las raíces portátiles que usted notó hace unos años en la poesía de Tato Laviera, cuando lo contrastó con "Domingo triste".

La conversación cambió inevitablemente de rumbo. Noté cómo cuando dijo raíces portátiles su mirada se deslizó hacia el portafolio de cuero fino que Santiago llevaba bajo el brazo cuando entró al hotel, y que luego, al sentarse, colocó bien a la vista de ambos sobre la cercana mesa contigua. Allí permaneció el maletín a lo largo de las tres o cuatro horas que duró nuestra conversación aquella mañana habanera. Si mal no recuerdo lo movió sólo una vez, cuando Jenine se acercó a saludar con los versos de *Trilce*. ¿Cuál sería el potencial de aquel portafolio, el sentido virtual, *aún no* existente (para nosotros) del objeto contenido que bien podía desatarse en cualquier momento, bajo ciertas condiciones irrevocables, tras la intervención de un dispositivo catalizador, como ocurre con ciertos objetos en Poe o en Hitchcock. Cuando Santiago colocó el portafolio sobre la mesa contigua logré identificar algún objeto de metal algo pesado. Supe luego que también llevaba unas fotos que me mostró muy discretamente la noche siguiente cuando volvimos a vernos y cuando conocí por fin a Ana. Santiago me pareció mayor cuando inclinó la mirada hacia mí, sin pestañar, al sentir que el portafolio sobre la mesa contigua había atrapado mi atención.

Pero en realidad era bastante joven. Ejercitaba la leve (nunca desmedida, en él) arrogancia de quien acababa de descubrirse portador de un talento insoslayable, en su caso doblemente suplementado por la pasión crítica (un tanto sórdida, como se verá) y un sólido respaldo económico. Nunca supe bien de dónde salía tanta plata; en La Habana del 99 eso ya no se preguntaba. Sospecho que pudo haber sido dinero de las becas danesas que le permitían viajar, largos viajes justificados por un proyecto de libro medio ficticio armado con entrevistas a personajes (tan reales como lo soy yo, Julio X. Ramos), leales hijos de zonas, cómo decirlo, *laterales* de América Latina. Eso era yo, pues, de acuerdo a la interpelación que en un principio me pareció, a decir verdad, halagadora, porque me consideraba un intelectual y un puertorriqueño. La interpelación era doble y confieso que me ablandó un poco. El libro de Santiago Lavoe debía llamarse *Los más raros todavía*, alusión y homenaje a ese especie de libro de entrevistas *avant la lettre* titulado *Los raros* de Ruben Darío.

Así decía Santiago: en las planicies de la globalización, y muy a pesar de ser catalogado aún por los bibliófilos y los burócratas universitarios como un género menor y subestimable, la entrevista es un modo de representación muy ligado al pensar pragmático, porque explicita de entrada el carácter situacional y por ende ineluctablemente dialógico del saber y, a tal efecto, de todo acto de representación. Por otro lado –y esto puede ser particularmente importante en su caso, profesor– el género es una máquina diseñada para registrar inflexiones vernáculas evanescentes. Sí, *inflexiones evanescentes*, no se extrañe, profesor: acentos, tonos, tesitura de la voz y sobre todo marcas de lo innombrable: aquella cosa que deja su rastro en los silencios, en la elipsis, o en la puntuación misma del discurso, por donde se cuela ese grano macizo e improcesable de la cosa esa. Cierto es que la ley del género, particularmente en el marco académico, condena la entrevista a una secundariedad y a un servilismo despreciables. Porque es cierto que la entrevista, tal como se le conoce aún, corona la triple alianza del creador, la obra y los "temas" o las "ideas" principales, en su mediación entre la escritura y el mercado, pero hay algo más, que por ahora le puede resultar un poco difícil de entender, ligado al proceso de digitalización de la voz y a la proyección de cuerpos virtuales recreados sobre la base de las partículas de la realidad verbal.

Puedo ya imaginar sus argumentos en contra de la entrevista y de la digitalización. Digamos, por ejemplo, que en un campo semiótico que llamaremos X surge una escritura desmedida, capaz de rebasar y descomponer las convenciones retóricas habituales, naturalizadas, del género. Pronto se entrevista al autor. El autor cuenta la historia de cómo se le ocurrió el libro. Es cierto entonces que la entrevista puede domesticar la extravagancia del proyecto. Pero la entrevista también los incita a ambos, el autor y al entrevistador (que se transforma en autor), a contar otra historia, la del fin del viaje de la creación: otro relato, mucho más complejo que el anterior en muchos casos. Contribuye a armar el package publicitario de la obra, cierto es, profesor, lo que, dicho sea de paso, no tiene nada de inmoral. Más que de un asunto de moralidades es un problema narratológico, como diría Walter Mignolo, en su época greimasiana. ¿Por qué sonríe, profesor? La cuestión es cómo contar... Cómo contar lo que ya se contó pero ahora tomando en cuenta estrictamente los silencios del "primer" relato.

Por otro lado, el peligro principal es que además del coup de marketing, con el que hay inevitablemente que contar, la entrevista busca centrar la figura del autor, quien con su voz legitimada por el libro (se trata de una tautología, está claro) bien puede silenciar los rumores (de otros sujetos y máquinas de significación y deseo) cuyos bloqueos y despliegues impulsan el movimiento de la obra. En la entrevista, el comentario del autor (o del entrevistador, como en mi caso ahora) produce una especie de mapa cuyo objetivo es evitar el extravío del lector en el proceso de la lectura. Y entre otras cosas más la entrevista así abre el proceso de canonización de la obra.

En cambio, propongo un uso totalmente distinto del género menor, a caballo entre el ensayo crítico y la confesión massmediática. Por los mismos ángulos de la triple alianza, tal como ocurrió con la novela en el siglo XVIII, la entrevista tiene el potencial de pasar a ser parte del canon "literario" del futuro, y pongo así las comillas en el aire cuando digo "literario", porque quién sabe a ciencia cierta, digo, si en aquella época futura tendría algún peso la mera frase *discurso literario*. Pero la canonización no me interesa en lo más mínimo. Aunque sí es cierto que la entrevista cobraría reconocimiento y un nuevo valor social porque está destinada a convertirse en un registro principal de las transformaciones del sujeto en la era que podríamos llamar, la era del retorno de la voz (digital), en que por cierto habría una nostalgia por la escritura, que comenzaba ya a desaparecer. En el futuro, faltarán cuerpos humanos para circular la producción de tantas ideas, y como tantas ideas se parecen tanto, se requeriría un modo para distinguirlas virtualmente. Es algo así como un banco de DNA o hasta de esperma. Me aproximo a la entrevista como si ese proceso de validación futura ya hubiera ocurrido antes. Primero grabo la entrevista y al transcribirla dejo en los márgenes un espacio para la acotación de los sonidos (situacionales, los denomino) captados por esta maquinita digital de bolsillo. Por ejemplo, durante nuestra entrevista, profesor, ya he grabado el vuelo de ese jet que cruza el cielo simultáneamente a una previsible interjección de Jenine durante su acalorada discusión con el agente de seguridad, quien ya la tiene, mire usted, agarrada del brazo para echarla fuera del hotel. A partir de la asociación (nunca meramente temática ni simplemente analógica) entre el jet y la voz de Jenine, escribo unas anotaciones al margen que luego pueden conducir a una investigación detallada de la vida (real, si ese fuera el caso) por ejemplo, de un piloto, o de una de las azafatas que volaban en el jet, y se produce así el sentido de la comunidad de identidades contiguas. Claro está: todo eso además de la voz de Jenine, que ya ha entrado aquí, a la maquinita, y que por supuesto deberá finalmente pasar al centro del relato mismo de la entrevista.

La entrevista es entonces un mero catalizador de historias basadas en un sistema de clasificación digital de las voces que opera como materia arqueológica, ruinas de vidas reales (como mi voz de entrevistado o luego las voces de varios agentes de seguridad que crujían burlas como cucarachas durante el arresto de Jenine, antes de que la chica cayera al suelo sangrando). Voces del pasado transformadas en verdaderas figuras de un alternativo libro de ruinas benjaminiano. En términos retóricos o tropológicos, Santiago argumentaba que sería el devenir inexorable de la catacresis y, sintácticamente, de ciertas formas sucesoras del asíndeton y otros modos de la parataxis barroca según las había descrito el estilista Leo Spitzer en su análisis clásico de la enumeración caótica en la poesía don Pedro Salinas y otros, añado ahora yo.

Observo la luz casi líquida del ocaso refractada en la neblina que sube con paso firme del Pacífico impulsada por los vientos fríos del Norte. Tocada, la neblina, por el calor del desierto de los valles californianos, el choque la hace cada vez más densa y cubre ya algunas de las colinas de la ciudad. Por eso hace frío en el verano, pensaba yo. Apenas permanecen descubiertos los picos de las torres de Twin Peaks, violando cualquier sentido de gravedad, como sostenidos por la densidad blanquísima de la neblina. Por alguna asociación inexplicable, ahora que miro la bahía por la ventana y recuerdo la referencia a Spitzer en la teoría de Santiago, no logro evitar pensar en el último viaje en tren del dominicano Pedro Henríquez Ureña a dictar su curso de letras en una secundaria de La Plata. En cinco años, pensé, ser dominicano en Buenos Aires significará algo totalmente distinto. ¿Qué habría significado antes?

Ahora que lo pienso, el plan de libro *Los más raros todavía* era ingenioso y sólo superficialmente seguía las pautas de las ficciones híbridas de Borges o de Piglia, porque a Santiago le interesaba muy poco ya el cuestionamiento de la autonomía literaria, de sus límites o fronteras. No le interesaba tal distinción, porque cuando él entrevistaba o escribía se imaginaba de lleno en el futuro, eso me explicaba. Su proyecto no presuponía la estable jerarquía inicial que la hibridación o la ficcionalización vendría luego a invertir o a soslayar. Allí, digo, en *Los más raros todavía*, libro virtual, quería Santiago incluir la entrevista que ahora me hacía en el Habana Libre. Me honraba, aunque debo señalar que no la publicó nunca. No se la envió a Nelly Richard, editora de la *Revista de Crítica Cultural*, quien quería publicarla a comienzos del 2000. En cambio sólo me envió esa especie de transcripción, sí, un poco retocada, que le sigue a esta historia.

Cuando le pregunté por el motivo de la entrevista –a un atípico profesor norteamericano como yo lo era aún por aquellos días– apenas sonrió, con la ironía devuelta. El pesado silencio que siguió, ferozmente administrado por él, hizo resonar la frase repetidamente en mi malhumorada conciencia. Conozco sus *Desencuentros de la modernidad* (cortó el subtítulo) de Siglo Veintiuno (se equivocó, no creo que casualmente), me dijo, y me interesa su lectura de ese Martí neoyorquino, desplazado e incluso en algún momento, como sugiere usted mismo, acorralado por la energía sexual incontenible de la ciudad moderna.

Creció mi interés por ese Martí neoyorquino –o nuyorquino, como diría usted– tras la lectura de los *Desencuentros*. Como bien sabe, el vate Darío, sobre el cual escribo actualmente una tesis doctoral (no era del todo cierto, según descubrí luego), ese *otro* Rubén Darío –marcó de nuevo– incluyó a Martí entre sus *Raros*. Sé que conoce a Darío, aunque nunca entendí bien la posición minimizada que le adjudica en su esquema, así dijo, y al decir esquema gesticuló con los índices un cuadrado en el aire. Acá en Cuba me enteré de su investigación sobre Carlos Montenegro, el escritor presidiario, y por muchas razones me concierne el tema. En efecto, añadió, me interesa saber por qué en los últimos años le ha dedicado tanto tiempo a escritores homicidas o criminales, primero Alberto Mendoza, el exguerrillero salvadoreño, luego Genet y ahora Montenegro. ¿Dónde figura usted entre esas historias que ha dramatizado tanto? –me preguntó. Yo tenía alguna esperanza de que la conversación no se deslizara por allí. Ya veo, le respondí, quieres que te cuente mi vida.

Ni esa pregunta (ni mi respuesta, que considero clave) aparecen en el manuscrito de la entrevista que recibí unos meses después, cuando ya me encontraba en Berkeley. La reproduje en una versión muy breve primero como epílogo a la edición chilena de *Desencuentros*. La ubiqué en el apartado secundario y final del "epílogo" que mis editoras chilenas prefirieron subtitular "Una historia apócrifa" para evitar confusiones, y permitir que se leyera el libro, *Desencuentros*, tal como había aparecido y se había leído su primera edición en el 89. Porque la verdad es que algunos amigos comenzaron a pensar que era incapaz de ejercitar aquella prosa declarativa, el dispositivo pedagógico y los géneros de la verdad. Aquí la lección de Santiago me resultó útil: escribir como si el futuro ya te hubiera donado un pedazo de tiempo.

No entiendo bien por qué Santiago decidió borrar del manuscrito toda aquella parte tan personal de nuestra conversación. Después de todo, su motivación (y el género mismo de la entrevista) tenía mucho que ver con la curiosidad, con el impulso a descubrir algo de mi vida que no estaba explícito en los libros, o que, de hecho, tal vez nada tenía que ver con ellos, con la fibrosa tinta de aquellas palabras impresas, tal vez ya muertas para mí. He preferido no reconstruir ahora lo que le dije, ni reinventarlo, por aquello de respetar la voz, irrecuperable ya. ¿La borraría por pudor? No lo creo. Más bien sospecho que Santiago eliminó aquella parte personal por no arriesgar la complicidad que aún (ingenuamente) esperaría de mí tras su regreso (ya sin Ana) al Mid-West poco antes del final de la historia.

En cambio, sí debo recordar que Santiago me miró nuevamente abstraído, como si le interesara muy poco o nada lo que acababa de contarle. Empotrada como una cuña en la historia de mi propia vida estaba la historia de aquel joven marino, Carlos Montenegro, redimido luego por la Literatura y lanzado o inventado como escritor por la prestigiosa y arriesgada *Revista Avance* que le otorgara a Montenegro un premio por su primer libro de cuentos en el 29. Cuentos del mar, creo que dije: cuando los personajes de Montenegro tocan tierra se transforman en seres abominables, capaces de una violencia sin medida, como le ocurrió al propio Carlos a los 18 años tras el regreso de su primer vuelta al mundo en un buque mercantil. A los pocos días de su regreso Montenegro asesinó a un inglés en el puerto de La Habana.

No creo que sea superflua la siguiente nota autobiográfica de Montenegro, titulada *Autosemblanza del Presidiario #8962* donde el preso reconstruye su genealogía y cuenta que vivió entre gauchos. Encontré la nota durante mi pesquisa en el suplemento literario del *Diario de la Marina* (fecha de publicación: 29 de enero de 1928, pág. 34) apenas unos días antes de mi entrevista con Lavoe.

Desciendo de los Montenegro de "Romance de Lobos" del Valle Inclán, atajo de nobles bandoleros. Aún así no atribuyo mi delito a ningún sedimento atávico. Mi padre, militar en tiempo de la Colonia [cubana, i.e. pre-1898] protestó del fusilamiento de Luna –"cuyos sesos, enteros, decía, vi rodar por Tierra"– y así frustró su carrera. Cuando la República, se nacionalizó cubano. Yo nací en España. Mi padre que fracasó también en los negocios embarcó para la Argentina con toda la familia llamado por su hermano, un Lobo escapado del "Romance" de nuestro fáunico pariente. Allí, a pesar de mi corta edad, comencé a ver de cerca la cara vil de Calibán hecho carne en mi tío.

Conocí tambien a los gauchos –¡los últimos! Cuyo recuerdo ha influido mucho en mi vida: altos y barbudos, ingenuos y valientes, nobles, me hacían coro mientras les enseñaba canciones callejeras cubanas. Por mí, el viento de La Pampa regó aquello de "las costillas de un valiente" y los <u>filos resbalosos</u> en el tablero que mi voz de doce años y las guitarras pamperas –¡mares de Alcides de Marías!– tanto desfiguraron que tal vez los autores si van por allá no los conozcan. Se celebraba el Día de la Emancipación Argentina y todas las casas se abanderaron. Mi madre, lejos de la patria, se dio gusto haciendo una enorme bandera que causó sensación en el pueblo donde nadie la conocía.

Puesta en la azotea de casa anulaba las diminutas Banderas Argentinas del vecinda-

rio. "Pebete", el hijo del Alcalde, no conforme con aquella desproporción, levantó un clamor que por poco no fue causa de que las patrias de Martí y Sarmiento rompiesen relaciones diplomáticas...Yo, menos político, le rompí dos dientes al autor del incidente y su padre, el Alcalde, me mandó detener. Estuve una hora preso y al salir del encierro en el que me acompañó una vieja borracha y lasciva que me arañó todo, fui homenajeado por los Gauchos que me regalaron un caballo gigante y una boleadora de diez libras. Desagravio hermoso. Regresamos a Cuba donde nadie nos conocía. Veníamos pobres. Todo lo que mi padre consiguió de don Cosme Herrera, amigo de buenos tiempos, fue un destino para mí en uno de sus barcos. Y fui a los 14 años un mal Marmiton que ensoñaba pelando papas, sabe Dios qué cosas. Vinieron los viajes sin término. Ningún amigo, pues no me abría nadie. Las minas y las fábricas de los Estados Unidos, las huaztecas mexicanas, los barcos del Atlántico y del Pacífico saben que no solamente supe callar a todos, sino que callé para mí mismo, insensibilizándome hasta el extremo de convertirme en un marino auténtico. ¿Cultura? la del Castillo de Proa. ¿Moral? La del medio.

Montenegro fue capaz de mirar de frente al mar, cosa rara en las literaturas caribeñas, tan marcadas por la insularidad. Por mucho tiempo la tierra fue el centro de gravedad de estas literaturas. Ahora con las diásporas la cosa cambia rápidamente. Le mostré la fotocopia del texto de Montenegro a Santiago, quien se detuvo a mirar la foto del joven preso con una leve sonrisa de curiosidad. Montenegro cayó preso de joven. Antes de cumplir los 30 era un fenómeno literario. Llamarle "realista" a un cuento que llega al grado de la crueldad desfigurativa de "El chino" es una mera artimaña clasificatoria. Lo mismo ocurre con la violencia de la lengua que corta *Hombres sin mujer*, la novela carcelaria que le costó a Nicolás Guillén un arresto y el cierre de su revista *Mediodía* en el 38. Guillén había publicado un breve capítulo de esa novela que efectivamente abrió los límites del género para darle entrada a una lengua que hacía añicos las sagradas escrituras del castellano durante la límpida década del 30.

A Montenegro lo "descubrió" en el Presidio Nacional del Castillo del Príncipe un empleado penitenciario, el poeta José Z. Tallet, del grupo de la *Revista Avance*, quien promovió la causa de la conmutación de su pena con el apoyo de los intelectuales principales del país (Ortiz, Carpentier, Mañach, Enrique Varona, Ramiro Guerra, etc.) y varios intelectuales extranjeros que intervinieron para reducirle la condena al joven escritor. No tuvieron mucho éxito. Fue una especie de causa célebre que estimuló y puso a circular las posiciones intelectuales decisivas de esa época. Poco a poco Montenegro pagó y cobró por el don de la lengua. Por cierto, tras su regreso de la Guerra Civil española, donde estuvo luchando y redactando crónicas del frente, su escritura se nacionaliza, se hace, digamos, responsable, dejando atrás la crueldad con que Montenegro había trenzado y entramado los lugares comunes de la literatura de su tiempo. Hasta entonces la suya había sido una escritura transgresiva en la medida en que produjo un mapa preciso de las fronteras, de las leyes de la literatura establecida. ¿Lo salvó la literatura? O por el contrario, ¿qué le dona un marginal como Montenegro a la literatura? Hoy, por cierto, se le recuerda como un traidor. Al final de su vida parece que volvió al comienzo.

¿Qué te parece a ti, Santiago? recuerdo que le pregunté. Y me planteó la siguiente hipótesis, por cierto nada descabellada: así como la Iglesia tiene sus mártires, la literatura funda de vez en cuando su autoridad en el sujeto marginal o confinado. Le respondí que precisamente me interesaba el tema de los homicidas en parte por aquello de los sujetos procesados y redimidos por la literatura, en el sentido, no me malinterpretes, añadí, del *Saint-Genet* de Sartre. La historia es linda, sé que la tengo que haber dicho ya en otra parte: Genet recuerda cuando lo llamaron ladrón por primera vez, todavía de chico. En ese mismo momento de la frase "ladrón" –bien pudo haber sido otra la injuria– se hace ladrón. El momento de la interpelación fue terrible pero resultó ser irónicamente feliz, recordaba Genet (en el libro de Sartre) pues le permitiría pronto acostarse con otros ladrones y varios policías. El relato de Genet comprobaba los postulados de la lingüística de Austin: aquello de cómo hacer cosas, o sujetos, añado ahora, con las palabras.

Me miró con la mirada cada vez más clara, casi plana, como si estuviera a punto de descubrir algo en mí. ¿Cuánto sabría ya de mí? Él, hablo de Santiago, tenía la peculiaridad de la mirada plana. La mirada cóncava, oscura, negra, era la de Ana, su compañera cubana. Cambió rápido de tema y dijo, casi lo puedo citar: El capítulo de *Desencuentros* sobre los saberes ya dichos y Andrés Bello y la pasión filológica de varios criminólogos argentinos circuló bastante en Santiago de Chile. Yo le decía que no, que tenía el título equivocado, cuando me interrumpió con mucha agilidad: Ah, le envían saludos

Thayer y Galende, e Idelber Avelar, que se la pasa últimamente en Chile.

La conferencia que dio allá usted en el 96 sobre el exguerrillero y ladrón salvadoreño se discutió aquella noche en el Bar Triple X, ¿lo recuerda? El bar estaba lleno de jóvenes literatos, putas, obreros, gente de la calle y travestis. —*Mira lo que te traigo aquí: cosa rara en una yegua....¿*recuerda? No, le respondí. Ahora Santiago volvía a parecerme un simpático e inofensivo joven intelectual chileno. Pero no debía dejarme engañar. Al principio teníamos nuestras dudas, me dijo –otro gringo dando conferencias sobre América Latina, había dicho Galíndez. Es que el estilo magisterial que se esperaba de usted, no cuadraba bien con el paisaje al que estamos acostrumbados en la calle Huérfanos, en la universidad ARCIS. Aunque le aseguro que después de escuchar su trabajo sobre el poeta exguerrillero que luego asaltó diez iglesias y su extrañísimo testimonio de perito, nos cambió la primera impresión. "Matar el tiempo", creo que se tituló su charla, me dijo, equivocadamente. Por mucho tiempo pensamos algunos que la historia de Mendoza era una ficción o una mentira, sonrió al decirme Santiago. Debió haber pasado más tiempo en Chile, dijo. Tal vez mi historia, nuestra historia, debo enfatizar, hubiera sido del todo distinta. Sabes, le dije, en un tono más familiar: ese trabajo sobre Alberto Mendoza fue escrito para aquella ocasión, de ahí el acento un poco meloso de mi performance. El sonrió mirándome sin pestañar a los ojos porque sabía que no era cierto. Idelber pregunta por su salud, me dijo. Y me mencionó nombres de otra gente que ahora no recuerdo.

Creo que Santiago aún no comprendía del todo el mensaje críptico de Avelar. Por otro lado, era demasiado evidente la nomenclatura, la genealogía demasiado bien planchada, lo que me extrañó doblemente cuando volví a notar el tamaño exagerado de la impostada chaqueta de rastro que Santiago llevaba puesta.

Sabes, fue de lo primero que me dijo Ana –si me permites tutearte– cuando uno calculadamente porta ropa de segunda mano tiene por necesidad que ser irónico con las familias literarias. Si no, no habría tanto problema con las figuras paternas. Y echó una carcajada tierna, al parecer nada maligna. Fue la noche siguiente de la entrevista, en el Malecón de La Habana, donde por fin tuve unos escasos momentos solo con ella. Santiago cruzaba lentamente el bulevar para comprar una botella de ron. En aquel momento, mientras Ana reclinaba la cabeza hacia atrás, riéndose, un repentino viento del Norte le alborotó el cabello ensortijado, crespo, tostado a claro, medio rojizo ya por el sol de aquel verano. En la Argentina, luego de su mudanza a Bariloche, tiene que haber parecido irresistiblemente exótica.

Pero Ana no le quitaba a Santiago los ojos de encima mientras compraba el ron al otro lado del bulevar. Y me dijo, como de pasada, que me había traído un poemario inédito titulado *Versos libres*. Me gustaría ver qué piensas de mi poesía. Allí estaba su deseo: en mi lectura. Como ya se ve en el título me interesa Martí –yo soy la niña, él es el árbol, me dijo, tarareando aquella vieja tonada reciclada por el Compay Segundo en Buena Vista Social Club. Me tocó cantar esa cancioncita en una película desconocida de Enrique Álvarez titulada *Sed* del 92. Claro que la conozco, le dije, sorprendiéndola. Por razones obvias *Sed* no circuló mucho en Cuba –continuó Ana. Para mí es el mejor documento de aquellos años tan duros después del derrumbe de la URSS. Era una versión de Godot. El documento principal de mi generación. Recuerdas el drama de la inmovilidad... te la cuento un poquito de todos modos. Dos jóvenes, una pareja, se encuentran en una estación abandonada de trenes. Sí, recuerdo, le aseguré a Ana, quien permanecía incrédula incluso después de explicarle yo que Álvarez me había dado una copia de su película para llevarla al Norte. Es más, Ana, le dije, la frase final del film me descorazona cada vez que la recuerdo: *Y ahora ¿a quién le cuento mis sueños?* Ahora que te he conocido, cada vez que recuerde la frase inevitablemente pensaré en ti, Ana. No me dejas terminar, me dijo ella.

Ana había intentado salir en la balsa improvisada de unos primos por las playas de Cojímar aquel agosto del 94, el verano de los balseros. Sobrevivimos el naufragio, me dijo, porque nos rescató un barco de la marina yanki, pero nos tocó luego pasar más de diez meses confinados en Guantánamo que ni te cuento. Allí frecuentemente cantaba la cancioncita esa –yo soy el árbol, tu eres la niña– y pensaba en Martí... Lo más que me jodía era mirar los guardias cubanos al otro lado de la cerca. Nos hacían muecas. Por momentos sentía que estaba en otro país. Que no podría volver al nuestro, al mío. A veces trataba de copiar algunos poemas de Martí que me sabía de memoria, para entretenerme con las muchachas de la barraca. Y hacíamos canciones que le cambiaban por completo el sentido a los poemas. Era algo así como Celia Cruz cuando canta *Lágrimas negras*.

Sabes, ¿no te importa que te tutee, no? (Ya me había estado tuteando toda la noche...) Puedo recitar pasajes enteros de los cuadernos de apuntes de Martí, porque me tocó pasar los manuscritos a limpio cuando trabajé en el Centro de Estudios Martianos entre el 92 y el 93. Sí, allí trabajé antes del verano de los balseros. Recuerdo uno en particular, me decía, cuando llegó Santiago con la botella de Paticruzao. Creo que es un cuaderno de apuntes de mediados de los años 1880, porque corresponde bien con ciertos *versos libres*, aunque la dirección de la burocracia encargada de la edición crítica decidió seguir con la idea del primer editor –aquel Gonzalo de Quesada, creo– que los fechó en el 91. En fin, qué importancia puede tener esa diferencia ahora, cuando se nos derrumba todo, [y no hay Martí que pueda detener este capitalismo salvaje.] Con razón los poetas jóvenes lo detestan, algunos, digo, a Martí lo detestan, porque nos dejó con toda una idea redentora del futuro que le da fuerza ya tu sabes, al Hombre. Pero pocos lo leen bien, Ponte es uno de esos pocos. Ana comenzó a recitar dramáticamente: *Elementos de un sueño: Recuerdo sexual, excesivo. Una lámina del edificio más alto de New York. Al volver de noche a la casa, un tubo de estaño, largo y de muchas vueltas. En el sueño, la casa era la mujer, y el tubo, enorme, creciente, rabelesiano, flexible, a medio erguir, había cambiado de forma. La imaginación* (prosigue la cita, me señaló Ana) *compone en el sueño los elemen-*

[margin note: urgh...]

tos que ha recibido dispersos de la realidad. Entre líneas he leído algo sobre ese otro Martí, ese Martí *otro* –enfatizó Ana– en tus *Desencuentros* y en otras partes. El libro de Ponte que más me impresionó fue una colección de fragmentos o ensayos breves sobre la comida en la literatura. Es un libro que nos daba hambre. De una crueldad que ni te cuento. No se la pude perdonar jamás.

El Martí que tú lees no puede ser el del árbol, me dijo y añadió, inesperadamente –la prosa de esos apuntes tan urbanos que acabo de citar está escrita en endecasílabos. Como si al inconsciente le correspondiera el endecasílabo, dijo sonriendo, la medida favorita de Martí. ¿Por qué no? Si ya le han correspondido los triángulos... Sí, endecasílabos encabalgados por octosílabos como ocurre tan a menudo en la poesía neoyorquina de *Versos libres*. A mí me gustan los encabalgamientos, profe. Fíjate lo que te digo:

Efectos de un sueño: Recuerdo sexual
Excesivo. Una lámina
Del edificio más alto de New York
Al volver de noche a la casa, un tubo
de estaño, muy largo y de muchas vueltas,

Noté las dos mínimas libertades, que no invalidaban del todo la hipótesis medio descabellada de la hermosa joven. Debo añadir algo más, me dijo Ana bajando el tono de voz, hay una breve anotación de Martí contigua al apunte sobre el sueño neoyorquino que dice: *¿cuál será el efecto de la morfina en la imaginación?*

Tengo que confesar (ahora yo) que esta última cita me pareció tan insólita y sospechosa que a la mañana siguiente de aquel primer encuentro con Ana en el Malecón, corrí al Centro de Estudios Martianos y desperdicié varias de mis últimas horas en La Habana metido en el Archivo donde finalmente confirmé letra por letra su atribución certera.

Después de todo lo que ocurrió luego con Santiago en La Habana supe por terceras bocas que Ana se vio forzada a abandonarlo. Luego supe que se mudó de Nueva York a la Argentina, sin romper con sus relaciones familiares en Cuba, y creo que trabaja aún en uno de esos resórts suizos de Bariloche donde organiza programas culturales para extranjeros –chilenos y brasileños, sobre todo– que viajan a la Argentina aprovechando las fluctuantes coyunturas de la convertibilidad del dólar. Allí, en la Patagonia, escribe (la he leído) unos textos de ciencia ficción tipo William Gibson, el de *Neuromancer*. Sé que Ana firma con el seudónimo Dora Ricardo, del cual me vine a enterar un par de años después de todo aquello, cuando ya me encontraba dedicado a admirar desde mi cubículo los pájaros que rayan la neblina densa de la bahía de San Francisco. Me enteré del destino de Ana-Dora por una entrevista que le hizo en el Internet el filósofo puertorriqueño Juan Duchesne –el Diógenes boricua. Duchesne incluyó la entrevista con Dora Ricardo en el *Ciudadano insano*, libro de ensayos de Duchesne (es un libro del futuro publicado por el Callejón) sin saber que Dora Ricardo era en realidad Ana, a quien Duchesne mismo había conocido en Puerto Rico, lo recuerdo, cuando la llevó a leer poesía Elizardo Martínez al Callejón de San Juan. Ana –le gustaba el nombre de Ana, porque cuando le daba la gana podía decir su nombre o hasta escribirlo al revés– Ana, decía, dejó loco al mismo Duchesne, quien notó sabiamente cómo ella había sometido los catorce versos del soneto al martilleo de una especie de jerga maquínica, de un ritmo digitalizado, que se había inventado en Cayo Hueso y que cruzaba con ritmos de la timba. A veces sonaba a Philip Glass. Cuando Duchesne la "descubrió" por el Internet no se dio cuenta de que Dora era Ana. Aunque a decir lo cierto, su vida, la de Ana, para entonces había cambiado ya tanto, y con seguridad puedo decir que para siempre, que ahora ella bien podía llamarse Dora Ricardo, y ser hija de suizo y dominicana o incluso heredera de un resórt de ski en la Patagonia, como le decía ella a Duchesne por el Internet tomándole el pelo. ¿O será que Duchesne creía de verdad que encontraría a estas alturas una voz nueva, nuevecita, por los cyber-callejones donde le gusta pasar las noches, digo, al Diógenes boricua? Anadoralivia, digamos.

Bajaba lentamente la taza tras el último trago de café y cruzaba las piernas al secarse la frente nuevamente con la servilleta, ya medio arrugada, que quedaba en la mesa cuando me dijo: vine a La Habana a visitar a la familia de mi compañera, poeta, quien también conoce su obra: Ana, dijo él, y quisiera hacerle una entrevista específicamente sobre la historia de sus *Desencuentros*. Esto, digo, si está ya dispuesto a contarla. Como el libro ha circulado tanto en fotocopias hay gente que duda de su existencia. De la existencia del libro, quiero decir. De entrada le agradezco el tiempo y el café, continuó. Ana, cómo será Ana, me dije yo, sin sospechar la intensidad de lo que debió haber ocurrido la noche siguiente, a causa de aquel viento del norte, en La Habana, antes de mi regreso a California, en junio o julio del 99.

La entrevista seguramente aparecerá en la *Revista de Crítica Cultural*, me dijo, donde incluso ya tienen su retrato, comentó Santiago en voz más baja (yo me hice el desentendido). Y luego, si sale bien, y si me lo permite, la incluiré en *Los más raros todavía*, dijo elevando serio la mirada.

Usar aquí la *marca tipográfica* tal vez es otorgarle demasiada realidad al título de un libro inexistente. Debo insistir que después de todo lo que ocurrió luego referente a mi destino –y al suyo– la entrevista completa no se publicó nunca. La reproduzco abajo por dos razones precisas: primero, porque creo que ahí está todo lo que hay que saber de mi situación, más bien todo lo que Santiago quería saber –creo yo– sobre los *Desencuentros*, incluso una historia bastante personal de la primera edición mexicana, una historia que, dadas las limitaciones presentes, ya no podría escribir en la prosa expositiva de antes. La escribió, pues, Santiago, quien ya no tiene nada (enfatizo: nada) que perder con la reproducción de la entrevista. La reproduzco ahora que puedo recordar todo con mayor claridad, con el desinterés, por ejemplo, de un Blas Cubas en sus *Memorias póstumas* o de Althusser en esas *Memorias del porvenir* que escribe como si ya estuviera muerto. Escribir como si ambos ya estuviéramos muertos: de eso se trata, pienso ahora, de escribir como si el futuro ya se hubiese cristalizado. No soy responsable sino de algunos mínimos cambios, que generalmente consignaré en las pocas notas al calce que me he permitido; ni del mismo título me culpo ("Ella también escribía poscrítica") puesto de puño y letra por él, un tanto misteriosamente, pues se refería al libro anterior de Maggie Mateo, de La Habana. Recibí el manuscrito aquel diciembre francamente oscuro y frío del 99.

Ella también escribía poscrítica

Por Santiago Lavoe

—Alguna vez le habló elípticamente a una periodista, Cecilia Carchi, de *El Universo* de Guayaquil sobre un hilo autobiográfico que recorre los *Desencuentros de la modernidad*?

—Sí, era una paráfrasis de la mejor cita que recuerdo de Piglia: *La crítica es una forma de la autobiografía*, o algo así, que seguramente aparece entre las notas íntimas de Emilio Renzi. Sabes, hace años pasé unos meses en Buenos Aires, entre marzo y agosto del 88 –ya sé que eres aficionado a la exactitud. Ya había leído bastante a Piglia, cuya hipótesis sobre Lugones en *Respiración artificial* había marcado mis trabajos sobre la lengua nacional en *Desencuentros*. Curioso, ¿no te parece que las palabras de un personaje (Renzi) cobraran tanta autoridad en una tesis doctoral aprobada en Princeton University? Los examinadores o no se dieron cuenta de que Renzi era el personaje de una novela argentina o de algún modo conocían ya la autoridad de las palabras de Renzi. Por otro lado, ya hoy está clarísimo que Renzi debería pasar a la historia como uno de los grandes críticos literarios latinoamericanos, sobre todo después de todo aquello que logró descubrirle a la hermana de Nietzsche en Paraguay.

—¿Conoció a Piglia en Buenos Aires?

—Durante aquellos meses del 88 me pasé entre la casa de Ricardo Rojas en Charcas y la UBA, donde frecuentaba de incógnito un curso que dictaba Piglia sobre ficción y paranoia, basado en los cuentos de Onetti. Estoy seguro que él nunca se dio cuenta, ni por supuesto tenía por qué darse cuenta, de que era yo el que se sentaba en la cuarta fila, frente por frente al gran profesor, religiosamente al lado de una alumna japonesa, californiana, con quien Piglia intentaba traducir el *Finnegans* de Joyce. Y aunque Piglia tenía fama de ser muy accesible y de recibir gente en el Café de la Ópera, nunca quise ir a verlo personalmente. Te confieso, Santiago, que me detuvo el recuerdo de la experiencia de González Prada en París, la historia aquella del intelectual periférico (en pleno lapso de su fervor anarquista) que por algún atávico designio viajó a conocer a Ernest Renan en la Sorbona. Don Manuel había superado cualquier cantidad de obstáculos económicos y afectivos para llegar a París. Planificó el viaje con un lujo de precisiones que nunca antes le había dedicado ni a la exquisita métrica de sus sonetos parnasianos. Renan le dio cita un jueves muy nublado y frío. Y a pesar de las medias húmedas y de la artritis prematura, González Prada subió las escaleras hacia la oficina del Maestro con un aplomo que le duró sólo hasta que enunció su primera frase en francés. Demás está añadir que fue corta la entrevista. González Prada regresó a Lima con su distintiva e intachable dignidad, proponiendo el rescate de la herencia robada en Arequipa a Flora Tristán, la herencia aquella que le negó a Flora don Pío de Tristán, el hermano del padre de la insólita proto-anarquista, la abuela del viajero Gauguin. Supongo que con aquella campaña González Prada quería decir que había descubierto en su viaje otra Francia muy distinta de la de Renan, ¿no te parece, Santiago? Y todo esto alrededor del 900.

—¿No le parece desproporcionada la analogía?

—Sí, tienes toda la razón.

—Pero aparte de la cita tan consagrada del autor argentino (cita, por cierto, que no es de Renzi, sino de Stephen Ratliff, creo, en *Prisión perpetua*) y sus recuerdos de alumno apócrifo en Buenos Aires ¿tiene algo que contar, o será todo, en nuestro tiempo, pura cita, incluso los *Desencuentros* y esa vida alternativa de Martí que allí entre líneas se cuenta?

— "Pura vida", siempre me dice un amigo costarricense. También puedo decirte yo eso a ti, "pura vida", ¿no te parece?

—No entiendo bien. ¿Eso quiere decir que cuenta o no?

—Cuando Martí envió su primera contribución al periódico *La Nación* de Buenos Aires en 1882, una extensa crónica sobre la vida urbana nuyorquina y la política del país, el Editor Bartolomito Mitre y Vedia (el Hijo del Dueño), le censura el texto al cubano nuyorquino y le recuerda –lo recuerdo yo ahora casi de memoria– que dado que se trataba de una "mercancía" que "busca colocación favorable en el mercado" debía seguir ciertas reglas... Martí responde: "sólo escribo para los que me quieren". Su gran discurso amoroso lubrica la inevitable entrada al mercado, donde, dicho sea de paso, no necesariamente escribía para los que lo querían. ¿No será también la entrevista uno de esos géneros donde los *players*, tú y yo, debemos simular amor? En fin. Comencé a escribir los primeros textos sobre Martí a comienzos de los años 80, abriendo un periodo de lecturas que llevaron a concluir una tesis doctoral en 1986 y a revisarla el año siguiente para su publicación en la forma del libro que salió finalmente en el 89. Pero ya que insistes en el cuento de los orígenes, entonces, sí, claro que hay una historia más personal, pero casi imposible de relatar. Hay algo en tu mirada (plana, especular, insisto, tan distinta de la de Ana, añado en el 2002) que tal vez me permita recordar esa historia que sólo me permití comenzar a contar una vez antes, a la periodista de *El Universo* que citaste anteriormente. En 1989, cuando salió la edición mexicana, murió mi tío Pepón Arroyo. Traté de dedicarle los *Desencuentros*, pero en México me dijeron que ya la impresión final estaba demasiado avanzada. Quería dedicarle el libro por la historia que me donó frente al mar de Isla Verde en junio del 83.

—¿Pepón Arroyo? ¿El artista nuyorican?

—Pepón Osorio, querrás decir, el colega de Catalina Parra en Nueva York, en la época dura de Catalina en la 110 y Broadway, cuando Catalina era maestra de artistas jóvenes latinos de la ciudad. ¿Cómo conoces a Pepón Osorio? ¿Será por Catalina, la catalizadora, o por tu profesora del taller de ficción en Santiago, de notoria afición y conocimiento de los intelectuales puertorriqueños? Sé que hay un tenue punto de contacto entre una zona de la vanguardia de tu país y el cielo del Barrio; un vaso comunicante que nunca entendí muy bien: el cielo de Barrio, imagínate bien lo que te digo, convertido en papel para el despliegue de unos versos chilenos. Me refiero al happening de Zurita en Nueva York, cuando el poeta chileno escribió sobre el cielo del barrio boricua. Si tuviéramos más tiempo te contaría una de las posibles versiones de la perspectiva de una señora que se comía una media-luna cuando de momento pasó la ruidosa avioneta que arrastraba los versos en el cielo. Pero Pepón Arroyo no tiene nada que ver, a pesar de mi admiración por el performero, con el Pepón de las barrocas camas vacías, mucho más joven que mi tío. Pepón Arroyo, me refiero al que colaboró en la preparación del ataque al Congreso en Washington, tú sabes. No, no puedes saber. Pepón Arroyo era primo hermano de mi madre.

—Sí, profesor, creo que el happening de los versos de Zurita en el cielo del Barrio era algo como aquella subida de Neruda a las alturas de Machu Picchu. Los versos celestes eran una inexplicable prolongación del latinoamericanismo de Neruda: el gesto monumental del poeta-gurú-medium de voces o deseos fantasmáticos. La confusión catalizadora, operativa, de Enrique Lihn, medio cegato, en un cine hispano de Broadway y la 107, es una pantalla para un contrapunto alternativo que su comentario irónico contra el vanguardismo chileno, profesor, no toma en cuenta. Ya usted ve: desde el viaje de la ensayista puertorriqueña Concepción Meléndez al Sur –así la llamaron a doña Concha, por razones obvias, cuando estuvo en Santiago de Chile– o desde la enigmática estadía de Eugenio M. Hostos en Santiago en los 1860, algo nos llega de vez en cuando de su zona, esa isla tan geografiada y querida por Gabriela Mistral, quien por otro lado sólo pudo ver en la discontinuidad insular un puente entre las dos culturas del norte y del sur. Ya sé que la metáfora del puente no le agrada mucho, profesor, se le nota en el rostro. Pero a decir verdad esos personajes isleños en Chile han sido siempre como aves de paso. En la Argentina recordará usted un caso similar: el dominicano Pedro Henríquez Ureña camino a dictar sus cursos en La Plata. Pero volvamos a la historia personal de su libro. ¿Nunca le incomodó que un libro donde prolifera rizomáticamente el gesto y la palabra "desterritorializantes" apareciera en la Colección Tierra Firme?

—Ahora que lo pienso....Creo que salió allí por casualidad. Aunque es cierto que en esa misma colección se había publicado bastante del ensayismo culturalista, latinoamericanista, cuya genealogía y descuadre disciplinario propuso el libro, los *Desencuentros*, como tú lo llamas. De tal modo el libro en ese contexto cobra un efecto desfamiliarizador, ¿no te parece?

—Me parece, más bien, que la cosa es más compleja que lo que hubiera dicho Tinianov hace más de 80 años sobre los tíos y la desfamiliarización. Su libro critica la misma tradición latinoamericanista que lo hizo posible, no sólo por lo de Tierra Firme, sino más bien por la propia estructura, un poco lineal, de los capítulos iniciales que reveladoramente reproducen el modelo histórico-narrativo más conocido del latinoamericanismo.

—No te comprendo bien, Santiago. No creo que lo estés comparando con la *Antología* de Anderson Imbert.

—No, por supuesto que no, aunque ya que su pregunta lo sugiere, el gesto de comenzar una historia sobre los discursos prospectivos de la modernidad con Sarmiento y Bello sí pudo ser una elección afín al diseño de Anderson Imbert. ¿Por qué en cambio no comenzó de lleno con ese Martí nuyorquino de la segunda parte del libro? Pero aparte de eso, creo que tal contradicción, del estar y no ser, aclaro [sic], produjo además la intensidad operativa del libro, y sobre todo posibilitó la indeterminación entre estética y política que se despliega en cada capítulo. Por cierto, no creo que deba darle vergüenza lo que le digo. Hay otras indecisiones mucho más peligrosas y dañinas, si no han de resolverse a tiempo.[1] Además usted puso de moda una palabra casi indecible, que no aparece en el *Diccionario de la Real Academia*. Osado, pues.

—No fue del todo así. La palabra aparece en un poema de Oliverio Girondo que me envió alguna vez Adriana Rodríguez Pérsico, olvido el título.

---

[1] Ya para este punto Santiago no bajaba ni la guardia ni la mirada, lo que explica sólo en parte el desencuentro posterior, y todas sus inevitables consecuencias.

—²

—Creo que tus propias preguntas me roban la voz. Pero de eso se trata aquí: de dejarse robar la voz. ¿No te parece, Santiago? El aforismo resume buena parte de la historia de la literatura. ¿Recuerdas aquello de "Hablad por mis palabras y mi sangre"?

—En Chile eso le puede hacer perder lectores. Como en otras partes queda en Santiago un núcleo latinoamericanista fuerte, y bien ubicado. Algunos de ellos han leído su libro, o partes del mismo, como instancia latinoamericanista. La indecidibilidad radical tiene la capacidad de producir esos efectos ambiguos.

—Te creo.

—En la entrevista de Guayaquil usted hablaba sobre una lectura reciente de Alberto Mendoza y decía que era posible contar relatos por medio de la crítica, como modo tal vez de desarmar el imperativo genérico disciplinario. Hacía allí una referencia específica a la ensayista cubana,

---

² Hubo silencio. Santiago volvió a secarse el rostro con la servilleta sobre la que posaba, ya vacía, la taza de café, sin hacerme mucho caso.

Maggie Mateo, autora de un opúsculo titulado *Ella escribía poscrítica* del 93. Creo que esto nos lleva nuevamente a la dimensión autobiográfica, digamos, por llamarla de algún modo, que recorre silencionamente la palabra del crítico. ¿Qué otro relato cuentan los *Desencuentros*?

—¿Eso es lo que te lleva a ti a los raros y a los más raros? Porque en el mercado neoliberal parece ser que también son los raros los que cuentan. Cierto tipo de raros, lo sé. Prefiero ejercer mi profesión en el registro limitado que nos es propio, el único discurso que puedo ejercer con cierta libertad, el discurso de la crítica y del ensayo, discursos, después de todo, sujetos a la demanda de la verdad. Yo digo la verdad.

—La verdad es el efecto de la eficacia metafórica de los poderosos.[3]

---

[3] Confieso que entonces no sabía de dónde había sacado Santiago aquella frase. Es casi de Nietzsche, quien en alguna parte escribió lo siguiente (traducido por mí del inglés a esta nuestra lengua triplemente menor): ¿Qué es entonces la verdad? Un móvil y poderoso ejército de metáforas, metonimias y antropomorfismos –en fin, una suma de relaciones humanas que tras ser elevadas, transpuestas y embellecidas poética y retóricamente, y que, después de tanto uso, comienzan a parecer firmes, canónicas, obligatorias...(La cita es del breve ensayo

—Ves, Santiago, cuán inevitable resulta citar.

—Usted fue el que habló de pura vida.

—"Pura vida" era una cita de un crítico costarricense, ¿recuerdas? Algo sí como la paradoja de Whitman quien quería escribir la vida.

—¿Estará listo ahora para contar la historia personal del libro, aquello innombrable de Pepón Arroyo, el primo de su madre?

—No hablé de nada innombrable.

—Pero por lo indecible en su discurso parece que es lo innombrable de Pepón Arroyo lo que usted deliberadamente intenta silenciar.

—No fui yo, Santiago, el que silenció a nadie, te lo aseguro. Si acaso hubo un deliberado silenciamiento de la verdad de la historia fue el que me impuso Pepón mismo, quien específicamente me pidió que no contara públicamente su vida. O luego tal vez el silenciamiento re-

....
"Sobre la verdad y la mentira"). En mi tratamiento posterior comprendí el peligro subalterno de tal teoría. Hay ciertas curas que requieren la verdad absoluta.

querido por la escritura que ejercitaba yo en aquellos años, la que postergó toda la otra historia que ahora intento contarte. Luego me di cuenta de la inutilidad del silencio en su caso: los archivos del FBI contenían cualquier cantidad de información incriminatoria. Pero aparte de eso, no he podido contarla bien. Sabes, Pepón Arroyo pasó casi tres décadas en Ecuador. Esa fue la parte de la historia que me llevó a hospedarme años después en el pequeño Hotel Puerto Rico, en el Centro Antiguo de Quito en junio del 96. Lo recuerdo con precisión porque fue allí donde por fin me localizó Nelly Richard para invitarme a dar el salto del Ecuador a Chile –W. Thayer me organizaba una conferencia en el ARCIS– donde me escuchaste aquella versión demasiado incompleta de la historia de Alberto Mendoza. Ya que te la menciono debo contarte una parte de esa historia que no incluí, por superstición o por respeto a Mendoza, en la conferencia que escuchaste. Después del Tratado de Tehuantepec Mendoza trató de reincorporarse a su país, pero la experiencia de la guerra y el exilio en Vancouver lo habían ya marcado para siempre. Se proponía regresar a Vancouver, donde ya había vivido ocho o nueve años, pero hizo una escala mortal en California. Asaltó con un cómplice las diez iglesias de que te hablé. ¿Por qué iglesias? Testificó que escogió las iglesias para evitar el peligro. Pero en vez de iglesias pudo haber asaltado funerarias. Algo le había pasado con un cura en San Salvador. En su infancia, supongo. Algo que cuenta solapadamente en un poema que se titula "El hoyo del cura" que sus abogados no me permitieron presentar en corte para el jurado.

Sucio difícil, me dijo el abogado de Mendoza, un liberal de esos a quien le interesaba más su papel en el juicio que la vida misma de Mendoza, me dio la impresión. Era un poema abyecto, decía el abogado cuando nos preparaba a los "peritos" para el intento de conmutarle la sentencia de pena de muerte. Mendoza no apretó el gatillo, y dice que se quedó asustado en la camioneta cuando su cómplice desquiciado por el fracaso de un asalto anterior asesinó al ministro. Ese fue el décimo asalto. En la novena iglesia Mendoza entró por la oficina y sacó el revólver en plena sala, robándole a todos los que estaban presentes, después que los obligó a echarse al suelo. Ya cuando iba para afuera, una viejita –esto según el testimonio del mismo Mendoza en corte– esa viejita le dice en español, desde el piso, "mijo, ahí te llevas mi cheque del seguro social". Por algún insoportable –y veloz– sentido de culpa Mendoza tiró todo lo que llevaba en la bolsa, incluyendo el cheque, y salió corriendo hacia el auto donde lo esperaba su cómplice. Pensarás nuevamente que lo que te cuento es ficción, ¿no es así, Santiago? Pero no. El melodrama lo provee la vida misma. Pura vida. Cuando Mendoza llegó al auto sin dinero, el cómplice, desesperado, aceleró directo a la décima iglesia, donde ya habían estado antes. Allí asesinó de tres balazos al ministro. Ves lo que te digo, Santiago, esto no lo podía decir en corte, ni en mi conferencia o en el ensayo académico que escribí sobre el caso. Aquí te lo cuento ahora. Porque ahí parece haber una moraleja sobre la bondad, ¿no te parece? Por cierto, sabes que sigue preso, que no lo ejecutaron. La poesía tuvo un peso mínimo, pero significativo. Se usó para "humanizarlo": como si el acceso a la poesía diera de algún modo un derecho a la vida. Pero no podía ser cualquier poema. Fueron tres poemas que definitivamente excluyeron la verdad abyecta de uno de sus poemas más fuertes. Pero eso fue al final del viaje, y debo ahora comenzar por el principio. Me encontraba en el Centro de Quito donde dictaba un curso en la Universidad Andina Simón Bolívar, en parte sobre el caso del 94. Me hospedé en Quito, digo, en el 1996, en el pequeño hotel Puerto Rico. No fue la mera tautología, por cierto, tan común entre nosotros, la que me llevó a aquel lugar, sino otras dos razones menos obvias: allí me encontraba a un paso del Centro Antiguo, tan empobrecido y a la vez montado sobre el barroco suntuoso de aquella ciudad ilegítima. La capital "segunda" fundada por Huáscar, el menor, el traicionero de Atahualpa, si es que uno mira la historia desde la *otra* perspectiva: la de Garcilaso el Inca y su propia orfandad oclusiva. Caminaba día a día, más bien de tarde a noche entre las ruinas de ese barroco aindiado, ya muy obsesionado con la historia de Pepón Arroyo. Tomaba apuntes casi a diario, a veces a oscuras, entre las columnas gastadas, ennegrecidas, de aquellas ruinas. Ese arte, o más bien, ese arte *y* la historia posterior de sus manoseos –con los milagros tatuados sobre el verde y el azul casi marino, y por eso imposible en Quito– y los diminutos pedidos a la Virgen del Quinche o los agradecimientos por los favores cumplidos lanzados con tanta voluntad hacia el infinito –toda aquella acumulación de detalles borrosos me oscurecía las huellas de Pepón. La cosa es que Pepón había sido dueño del Hotel Puerto Rico desde fines de la década del 60, cuando –según los papeles del FBI– el primo, ya despolitizado, se dedicó a negocios más turbios, ligados a un grupo de esmeraldinos exiliados en Quito, pájaros de mar en tierra, delincuentes menores animados por grandes sueños, según la versión del propio primo. Bueno, déjame darte una vuelta atrás. Cuando Pepón decidió borrarse del mapa en el 54, según mi madre, cuando se dio cuenta que debía irse, o caer preso, abrió las páginas de un mapa sudamericano, y lo arrastró de inmediato el nombre y la lateralidad casi absoluta –y para mí ahora tan entrañable– de aquel lugar límite, hasta entonces medio irreal, llamado con el nombre tan neutro y por lo mismo tan significativo de *Ecuador*. Cuando la familia contaba la historia de su fuga había dos versiones fundamentales, ambas falsas, creo yo. La versión que mejor recuerdo ahora es la siguiente: Pepón Arroyo se fugó al Ecuador persiguiendo a una mujer divorciada que había conocido en el Primer Encuentro Internacional de Escritores celebrado en Puerto Rico en 1942, el mismo encuentro donde William Carlos Williams leyó su postulación del bilingüismo como condición de cualquier literatura que se tome en serio; allí, te digo, Pepón conoció a una joven escritora de Esmeraldas, de la costa ecuatoriana del Pacífico, negra como las nuestras, se decía en la familia. Ella regresó en una segunda visita a la Isla en el 53, y pasó allí con Pepón unos largos meses de amores y también de deudas. En el 54 la poeta esmeraldina regresó con Arroyito a su país, al Ecuador, quiero decir, tras unos días clandestinos en Rutherford, NJ, el pueblo donde Williams practicaba medicina. Allí permanecieron escondidos después del ataque. En el momento en que la poeta puso pie nuevamente en Esmeraldas, decidió volver con su marido, y dejó a Arroyito sin noticia alguna en Quito, donde el primo de mi madre permaneció esperándola por varios meses. A veces la familia decía que Arroyito había vuelto a Esmeraldas con ella, y que permaneció por varios años en Esmeraldas, sicótico, y se ganaba la vida trabajando en una pescadería. Decían que cuando volvió a Puerto Rico en el 79 todavía olía a pescado. Pero ese final de la historia que contaba la familia (y sobre todo mi madre) me resultaba no sólo inverosímil sino éticamente insoportable: como si Pepón Arroyo hubiera podido ser arrastrado por una *mala mujer* hasta una pescadería de la provinvia costanera más pobre y liminal del Ecuador (por otro lado la provincia de historia más digna y gloriosa por ser extraña al ethos nacional). Ese fue el final que se inventaron mi madre y sus primas, las hermanas de Pepón, luego me di cuenta. Nadie en la familia, ni yo mismo, conoce la verdadera historia de las peripecias clandestinas de Pepón Arroyo en Quito y luego en Esmeraldas a lo largo de los 25 años de su evasión.

—Permítame, no me queda claro cómo conoció Pepón a William Carlos Williams.

—Lo conoció en Puerto Rico. Sabes, Pepón me contó en el 83 que Williams no usaba el *Carlos* hasta que firmó su primer título, en español, por cierto (sólo el título) de su primer libro de poesía: *Al que quiere* de 1918. Para la institución literaria norteamericana, Williams es meramente un Whitman del siglo XX, una sombra alternativa a la locura de Pound, su íntimo y feroz amigo, o de Eliot y su mito del cansancio de los mitos clásicos que ni el propio Joyce pudo soportar, isleño al fin. Esa es la versión que se enseña en las escuelas, donde siempre se lee el mismo poema, ya trillado, por cierto, de Williams. William Carlos, en cambio, estuvo allí todo el tiempo, como dormido, bajo el inglés semi-británico del padre de Williams, quien por otro lado había conocido a la madre puertorriqueña de Williams –"híbrida" la llama el mejor biógrafo del poeta– en Mayagüez, al oeste de la Isla, al otro lado del pasaje que nos separa de la República Dominicana, de donde también había venido su familia materna, pariente de los Henríquez. Sé que las casualidades son tantas, y los recuerdos ahora me vienen tan mezclados, que podrá sonar esto a cuento. Puedes confirmarlo si te interesa. El padre de Williams creció en Saint Thomas (Virgin Islands), hijo de madre soltera, la abuela de Williams, la Kora de *Kora in Hell*

(1920), su primer gran libro en aquella prosa experimental, cierto es que un poco afrancesada, pero por eso mismo doblemente extraña e impactante en USA. Compáralo con Hemingway o con el mismo Fitzgerald, sus coetáneos, y verás que tengo razón, al menos en esto, cuando te digo que Williams es un escritor prácticamente desconocido. William Carlos se veía con Duchamp cuando visitaba a Marianne Moore en Nueva York. La cosa es que Pepón Arroyo y su compañera, la poeta de Esmeraldas (nunca me dijo el nombre, como para mantenerla en un plano de fantasía, totalmente irreal, creo yo; o simplemente como estrategia del olvido) juntos pasaron unos días con Williams en Rutherford, New Jersey, cerca de Patterson, escondidos del FBI (pensaba Pepón) en la modesta oficina del médico, donde en realidad Williams se la pasaba escribiendo cosas raras, me decía Pepón, porque, según le decía Williams a mi tío, con un acento medio oscuro –en español, sí, en español, aunque a Pepón al principio le parecía un dialecto extraño, me decía a mí años después Pepón– le decía que en su casa no podía encontrar el ritmo, y que ese ritmo sólo lo renovaba de vez en cuando si escuchaba y practicaba el español, ya fuera con los amigos de su madre ya muerta o con algunos de los pacientes puertorriqueños que el Dr. Williams atendía en Rutherford. Por aquellos días de abril o mayo del 54 Williams no pasó por su casa ni para saludar a su mujer. Pasó casi todo el tiempo en la oficina de la calle Kingston con Pepón y la poeta, tres días en que no pararon de tomar ron jamaiquino, porque no había otro; tres días en que Williams no paró de bailar solo, como alocado, ni de soltar la lengua en aquel extraño dialecto que amplió notablemente durante aquellas interminables y por momentos incomprensibles charlas con la pareja clandestina. Recuerdo –me contaba Pepón en el 83, aunque te lo cuento yo ahora en mi propio léxico, porque él no hablaba así y detesto imitar su voz– que una noche le dijo Williams que entre la puntuación de la lengua del poder, se escabulle siempre, por entre el corte de la elipsis, la fuerza minúscula y a la vez incontenible de otra, menor. En el caso de Williams, era la materna, la puertorriqueña, añadía Pepón, nacionalista al fin. Fíjate que Pepón casi no hablaba inglés aunque luego siempre andaba en la billetera con unas cartas de las muchas, según me dijo, que le envió Williams a Quito, después que él y la escritora esmeraldina lograron salir de Nueva York a California, de ahí por Tijuana a México, y finalmente al Ecuador, donde nunca supo de ninguna otra persecución. Considera, me dijo en el 83, ya sin el gran entusiasmo literario que debió haberle inyectado su amante esmeraldina en los 50, que justo antes de la muerte de su madre –la madre de Williams, Elena, en el 42 o 43–, a William Carlos le dio por traducir con ella, su madre, una de esas novelas en jerga barroca que escribía Quevedo, y cuyo título luego pude yo confirmar, *El perro y la calentura*. Debo confesarte, Santiago, que acepté la invitación a dar el seminario sobre "estudios culturales" en Quito porque por aquellos días tenía la ilusión de encontrar otras cartas de Williams entre las cosas que Pepón dejó atrás en Quito cuando tuvo que regresar a la Isla en el 79. Y encontré algunas, pero nunca me animaré a publicarlas, porque allí Williams cuenta cosas muy personales que muestran cómo la desarticulación depresiva lo va haciendo trizas, cartas que nada añaden a lo que sabemos o necesitaríamos saber de él para poder leer y admirar cómo Williams, el clásico norteamericano, llevó la lengua mayor a los archipiélagos de la infancia, las islas de la lengua materna que aprendió, debo insistir, mientras traducía con Elena *El perro y la calentura* de Quevedo.

—Sabe usted, profesor, comienzo a pensar que la pasión barroca que ahora me cuenta con toda esa historia del barroco quiteño o lo de

Williams y Quevedo, continúa a los *Desencuentros*, sólo que al revés. Se sostiene todo eso en la crítica de la ilustración que lo motivó antes. Como aquello del personaje de Carpentier, Ti Noel, de *El reino de este mundo*, sentado sobre siete volúmenes abandonados de la *Encyclopédie*, mascando caña de azúcar, entre las ruinas de la plantación de su difunto amo. El barroco reaparece precisamente cuando se intensifica la crítica de la ilustración y del mercado capitalista. Es una de las lecciones de Benjamin, ¿no le parece? Tal vez ahora reaparece en Perlongher o en Eltit como crítica del neoliberalismo.

—¿No quedará un espacio para que algo se deslice fuera del envés –¿no crees que sea posible algo más accidentado que la negatividad misma, Santiago? Por ejemplo, Williams no era barroco y tradujo a Quevedo y a Palés Matos, el poeta negrista puertorriqueño. Pero en lo que sí estoy de acuerdo es que uno de los relatos silenciados y canibalizados por aquella tesis doctoral fue el de mi relación con Pepón, su historia tan fragmentaria y elíptica, tan espantosa para mí, e incluso para mi madre, su prima hermana, quien sólo pudo imaginarlo por todos aquellos años como víctima de una *mala mujer* esmeraldina y trabajando en una pescadería. Esa es la historia –la otra versión– que debí haber escrito antes, tal vez para salvarlo, para salvarme a mí mismo. Es la historia que ahora te cuento, que quiero contarte, aunque sé que es tal vez demasiado tarde.

—...

—Lo cierto, te digo, es que ni en San Juan ni en Canóvanas, su pueblo natal, nada más se supo de él, hasta que un día, poco antes de la muerte anticipada de su madre, en el 79, las hermanas de Pepón decidieron contactar la embajada de los Estados Unidos en Quito para ver si alguien allí podía precisar el paradero del hermano errante. Por una de esas casualidades que sólo pueden darse en una ciudad tan pequeña, localizaron a Pepón rápidamente, donde –según me contaron luego en Quito, en el 96, cuando dictaba mi curso en la Universidad Andina– se había cambiado el nombre a X. Arroyo, y en los últimos años había establecido un diminuto hotel de dudosa estela llamado Puerto Rico, en pleno Centro Antiguo. Su récord está en los archivos del FBI, por si quieres constatar la historia. Lo curioso es que si Pepón se había exiliado de la Isla por su militancia nacionalista (más que por los amores con la Mata Hari esmeraldina de la que hablaba mi madre), entonces su fuga había sido del todo inútil, pues parece que la Embajada supo de su llegada a Quito desde el principio. Así es el FBI. Así es Quito y la vida en los hoteles pequeños. Sus hermanas, las primas de mi madre, lo llamaron al hotel para avisarle que Finí Arroyo –sí, su madre, viuda desde antes del nacimiento accidentado de Arroyito, como le decían en la familia– estaba a punto de morir y quería verlo. Digo todo esto aquí porque como te decía reconozco todo lo que le debo a Pepón, y debo dejar constancia pública de la deuda, incluso, o sobre todo, en los últimos años, cuando me dediqué a la cuestión de los viajes y de los nómadas provenientes de islas tropicales. ¿Te imaginas, Santiago, nómadas en una Isla donde no cabe ni una cuadra de desierto? Ahora por fin creo que he descubierto la moraleja de su historia.

—¿Usted busca aún las moralejas?

—Una vez me dijo Pepón, con respecto de una tribu semi-nómada de la amazonia ecuatoriana que le interesaba mucho, y que visitaba con frecuencia, que le intrigaba dónde era que los nómadas enterraban a sus muertos. Y se sacó de encima unas palabras en un tono que por falta de mejor descripción llamaré poético:

Dónde será que entierran los nómadas a sus
    /muertos.
Los cargarán a cuesta en las travesías,
protegiendo la piel
muerta de la inclemencia del sol, bajo los cueros
que siempre portan como tarjetas postales
    /los camellos
o dejarán la piel secarse al sol
ya sin carne ni fibra
y a las cuatro o cinco semanas
regresan para juntar los restos, el polvo
en leve montañita que dispersan luego en el aire
en cualquier punto de la travesía
o que acaso llevarán colgado del cuello
en bolsitas de cuero fino, con algún huesito,
    /por muchos años,
para que el diminuto sarcófago mantenga
    /en el recuerdo
lo que le faltaba a la carne seca,
a la montañita de polvo,
al huesito indómito
para que así los proteja finalmente en la batalla.[4]

---

[4] Fue Santiago el que se tomó la libertad de transcribir esto en forma de endecasílabos.

Y me dijo algo más, en una lengua totalmente extraña que me hizo sospechar que se enfermaba, que lo perdía para siempre. Porque habló largo en aquella lengua, como si no estuviera allí presente yo escuchándolo, mientras miraba al horizonte doblemente azul y sentía yo un miedo hondo que nunca le conté a nadie, Santiago, porque me hablaba como si no estuviera yo allí, listo para acompañarlo, para regresarlo de aquella tierra extrema a donde lo había dejado, casi desnudo e indefenso, el demonio de su melancolía. Pero no fue así, no se volvía del todo loco, ni hablaba en lenguas: hablaba quichua, y por supuesto yo mismo no podía darme cuenta. Recuerdo la última vez que lo vi otro sábado de tarde frente al mar, cuando era muy obvio para mí que ya no le quedaba mucha fuerza para soportar el peso de su propia memoria, la historia de su silencio, ni fuerzas ya para seguir mirando al horizonte, exactamente hacia Panamá, cada tarde que pasaba junto al mar, que era, por cierto, todas las tardes. Lo recuerdo como ahora. Estábamos en la playa cuando Pepón me dijo aquello de que hasta los nómadas más serios tienen su corazoncito. Porque lo de la noticia prematura de la muerte de su madre lo desbocó a Pepón en Quito a tomar el primer avión para Miami, y de allí a Puerto Rico. Me dijo que luego que recibió la noticia de la madre moribunda salió del pequeño lobby del Hotel Puerto Rico sin muda de ropa, con una bolsa de cuero crudo llena de plata (y algunas cartas de amor de una salvadoreña exiliada que luego llegué a conocer en Quito), y con el revólver que siempre portaba en la cintura, y que debió tirar a la basura del baño en el aeropuerto antes de la salida del vuelo de la Eastern a Miami. Te lo imaginarás como un *cowboy*, pero no puedes ver el traje de lino blanco, el sombrero panamá, el brazo de oro que le veo yo, en este mismo instante, Santiago. O seré yo el que lo pierdo, el que no te lo describo bien, porque Pepón era de una exuberancia que obligaba a descartar los disfraces literarios. Para él ese último gesto, el del revólver, fue decisivo. Regresó a la Isla en el 79, pero Fina no murió hasta el 83, apenas unos años antes de la muerte de Pepón Arroyo en el 89, cuando yo estaba por publicar el libro que me mencionas. ¿Lo ves mejor ahora, Santiago? La historia no estaba allí. Tal vez pudieras haber leído la mía propia en las prolijas señas crípticas de la otra historia, la silenciada, la de Pepón, en los detalles a veces más insignificantes de la historia principal. En todo caso, Pepón nunca volvió al Ecuador. Por alguna razón oscura, al menos oscura para mí, o acaso por el frío dulce, subcutáneo del fenobarbital que le inyectaban los médicos, decidió no viajar más. El boricua del brazo de oro, supe luego que lo llamaban así en el bajo mundo quiteño, porque pasaba largas horas lánguido, atendiendo el bar del infame Hotel Puerto Rico del Centro Antiguo, y nunca mostraba unos ideogramas chinos que llevaba tatuados en el brazo izquierdo, entre las otras cicatrices. Significaban aurora, o algo por el estilo, me dijo hacia el final de mi estadía en la Isla aquel verano del 83, cuando había vuelto para verlo y para asistir al entierro de mi tía abuela Fini. Esa es una historia privada, decía, y se bajaba rápidamente las mangas.

—La historia parece ser el reverso mismo de sus *Desencuentros*, ¿no le parece? Allí –como aquí ahora– parece que viaja todo el mundo, pero nunca hasta el final del viaje. Sarmiento lo teoriza. Martí lo sufre. Bello lo traía a cuestas cuando escondía el acento inglés en la rectoría de la Universidad de Chile, verdadera razón que lo llevó, a Bello, a escribir esa gigantesca obra titulada *Gramática castellana escrita para sus hermanos hispanoamericanos*. Usted ha dicho alguna vez que se escribe una gramática cuando a uno se le pierde o le sacan la lengua. Pero sabemos que no hay que exagerar tanto en el caso de Bello. En todo caso sospecho que usted me toma el pelo, pero le sigo el juego. Me interesa esa ficción crítica sobre Williams: el baile de la lengua menor; Bello, por otro lado, la lengua menor llega al Estado, mientras que la afición gramatical disimula el impacto de otra mayor (el inglés), en pleno pisoteo.

—Sabes, Santiago (le dije con una familiaridad nada impostada, una confianza medio ingenua de la que luego de conocer a Ana –y hasta ahora– sería incapaz de repetir), cuando recibí la última postal del primo de mi madre en Princeton, leía los *Diarios de campaña* de Martí. Lezama veía allí toda una serie de signos preparativos para la muerte. Pero su concepto de la muerte (como el del mismo Calvert Casey, quien también escribió sobre los *Diarios*, autor de un cuento extraordinario, se me ocurre que sobre Martí –aunque situado en otra época– que se llama "El regreso", sobre la imposibilidad del regreso al país natal) me parecía muy abstracto, te decía, abstracto el sentido de la muerte. Me interesaba en cambio entender el final de los *Diarios*, la muerte del gran militante, como uno de los destinos posibles de sus quince años en Nueva York. Si restas bien, 15 años de la vida de un hombre que murió en la batalla anticolonial a los 43 es una buena parte de su vida adulta, la más prolífica e intensa de su escritura. Allí escribió sobre Whitman y Emerson, y sobre la extrañeza de Oscar Wilde, por quien a su tímido modo sintió una insoslayable afinidad. Afinidad entre isleños, pensarás tú, que vienes de tierra firme. Decía hace unos años Sylvia Molloy que su lectura de Wilde –la de Martí– es homofóbica, por esa extensa crónica, la primera lectura de Wilde en nuestra lengua, creo, que cubría una pampa entera de aquellas cuatro pampas del diario *La Nación* de Bartolomito Mitre y Vedia, el que le recordaba a Martí que las crónicas eran una mercancía.... ¿Me entiendes, Santiago? En esa lectura Martí reconocía en Wilde a otro gran poeta, como él mismo, te digo, a un luchador bajo los humos de la modernidad. No puede ser, no, aunque sí es cierto que cuando Martí fue a ver a Wilde en Nueva York le estuvo muy rara, muy fuera de lugar, la rosa verde que Wilde llevaba puesta en el ojal de frac aterciopelado, bajo el cual lcía desnudo el gran poeta isleño. Te hablo de otro tipo de islas, me entiendes, aunque sabes que sí fue isleño, claro que lo tienes que saber. Martí en cambio se pensaba a sí mismo –y era– un militante, un hombre público, serio, quien en el 90 era representante en USA de tres países, incluyendo el tuyo (me equivoqué, añado en el 2002), era, te repito, el paradigma del militante, y como buen militante, permíteme decírtelo a ti, que lo has sufrido seguramente en carne propia, como gran militante, Martí reprimió en su discurso una cantidad de pulsiones que por llamarlas de algún modo se les puede llamar pulsiones estéticas, como aquello de las "Dos patrias tengo yo, Cuba y la noche". Bueno, Pepón Arroyo decía que sí, que en las noches era cuando se conspiraba mejor, pero lo decía pensando en el gran sol del mundo moral del nacionalismo, que figuraba siempre entre sus delirios sobre los nómadas ecuatorianos y el aguardiente esmeraldina. Por favor, creo que aquí he perdido el hilo, prefiero borrar todo esto. Comienzo a hablar demasiado rápido, pero te digo que por ahí tal vez estaba el trabajo, leerlo en sus silencios, en lo que el militante no podía decir en aquellos años finales del siglo XIX. ¿Me sigues? ¿Y tú, Santiago? Seguramente sabes lo que hay que saber. Sin duda que sabes más que yo mismo.

—Sugerir que Nueva York fue clave para Martí, decisivo incluso en las inflexiones de su escritura, tan urbana en los 80, es de algún modo desplazar su lugar de origen, el lugar de origen de un clásico nacional, me permito recordarle.

—¿Te preocupa eso? ¿Cuándo se ha podido escribir, digo, escribir bien, sé que me entiendes, escribir, pues, pensando en los clásicos de una nación?

—Creo que exagera. ¿Será porque en Puerto Rico la colonización produjo desde siempre un espacio intelectual fuera de la nación?

—Bueno, Santiago, no me gustan las caricaturas, ni aquellas tan finas como las tuyas. Pero no te voy a negar que Martí fue, *inter alia*, el primer gran escritor latino de Nueva York. Escribió sobre los anarquistas, los immigrantes de Chicago, sobre Nueva York como sólo podía odiarla y quererla un boricua del Lower East Side. Aunque no te digo que fuera boricua. Tampoco te decía que Williams fuera boricua. No se trata de estar afirmando identidades, al menos no aquí. No, no, William C. Williams es un clásico norteamericano, un clásico de la poesía en lengua inglesa de siglo XX, pero a la vez, como le decía William Carlos a Pepón, él hablaba un dialecto para el cual aún no había gramáticas, un dialecto ligado al español de su madre mezclado con la jerga de Quevedo, añadiría tal vez yo. Martí era cubano, pero era mucho más y mucho menos, por cierto. Vivía en un pequeño apartamento en Brooklyn cuando escribió el ensayo clásico, "Nuestra América". ¿Cómo dar cuenta del lugar donde se escribe, es decir, del apartamentito donde se escondía del frío, si no es por medio de un texto doble, casi imposible, que por el reverso de la trama cuenta la historia de su propia condición, aquello que acaso nunca logrará decir? ¿Cómo entender tal paradoja?

—Pero toda esa lectura diacrítica, digamos, se da a contrapelo del decir martiano. Porque Martí nunca se hubiera identificado como un escritor de Nueva York, como ese que usted describe. Eso hubiera significado una contradicción demasiado pesada para su discurso nacionalista y latinoamericanista en aquellos años anteriores a la Guerra Hispanoamericana, la del 98, que empezó realmente en el 95, tras el desembarco de Martí en Oriente, unos meses antes de su muerte. En su historia del imperialismo Lenin identificó la Guerra del 98 con la hegemonía de un nuevo tipo de capital. Él lo llamó el capital financiero. Me parece que esa época guarda paralelos con el fin del siglo XX.

Globalización del capital flexible, posindustrial, por un lado, migraciones masivas de las zonas desechadas por la nueva división del trabajo, y quiebres profundos de los modos de representación y de la experiencia. Y además, crisis del intelectual que tiene que imaginarse una piel nueva, nuevas formas de escritura.

—Veo que aún lees a Lenin.

—Lo leo sí, por qué no: como elaborador de grandes ficciones. Claro: no todas las grandes ficciones producen el mismo efecto. No es lo mismo una ficción inventada por el estado, que una confabulada por usted mientras me toma el pelo, que tampoco es igual, me permito recordarle, a la ficción que pudiera contarle yo, poeta desconocido, a un sujeto tan real como usted. Usted asume mucha autoridad con el invento.

—En fin, te cuento para ya acabar con esto y ver si vamos a alguna parte a comernos unos fideos. Lo que te decía es que a Martí lo impactó la profunda reorganización política y literaria de fin de siglo. Como al mismo Wilde, pero en frentes distintos. Al Martí corte-civil, o letrado, como decía Angel Rama, a ese Martí que es el más leído, el monumentalizado, lo mató la guerra contra España, y contra el capitalismo, que le resultaba insoportable, aunque lo presionó a imaginarse y de hecho a prepararse una muerte épica. A Pepón Arroyo, lo mató una mala mujer, pensaba mi madre. Pero yo sabía que no era cierto. En el 83, te decía, cuando fui al entierro de mi tía, lo acompañé varias veces a la playa donde Pepón podía teorizar bien, me decía bromeando, sobre el futuro político del trabajo improductivo. Pasé todo el tiempo que pude con él. Frente al mar, por pedazos, me contó su historia. Mientras me contaba la vida –que tan poco parecía tener que ver con la realidad– miraba a lo lejos y siempre hablaba en el mismísimo tono y pasaba por ratos al quichua. Aunque prefiero, la verdad, borrar eso de la entrevista. No me gusta ser irónico cuando lo recuerdo. Siempre en el mismo tono, a modo de reportaje, siempre igual, con mínimos cambios de énfasis, como para conjurar el entramado rotante de la culpa y el paso a otra lengua. Miraba al horizonte doblemente azul y lo último que me dijo fue: Primo, de toda la familia he sido yo el que más he viajado. Fue lo último que le recuerdo. Esto lo decía sin tener en cuenta la muerte de mi padre bajo la nieve alta y la bandera americana en la guerra de Corea. Preferí no recordárselo.

***Otros títulos en Biblioteca
El escribiente***

Copi
por César Aira

Por favor, ¡plágienme!
por Alberto Laiseca

Nacen los otros
por Arturo Carrera

La letra de lo mínimo
por Tununa Mercado

La curiosidad impertinente
por Guillermo Saavedra

La edad de la poesía
por Tamara Kamenszain

Koré
por Silvio Mattoni

Alejandra Pizarnik
por César Aira

*Tres estudios
Kafka - Baudelaire - Eliot*
por Sergio Cueto

Las tres fechas
por César Aira

Biblioteca Ensayos Críticos

Las letras de Borges y otros ensayos
por Sylvia Molloy

Literaturas indigentes y placeres bajos. Felisberto Hernández, J.Rodolfo Wilcock, Virgilio Piñera
por Reinaldo Laddaga

*El abrigo de aire.
Ensayos sobre literatura cubana,*
por Mónica Bernabé, Antonio José Ponte
y Marcela Zanin

Manuel Puig: la conversación infinita,
por Alberto Giordano

Paganini
por Ezequiel Martínez Estrada

*El mundo maravillosos de
Guillermo Enrique Hudson*
por Ezequiel Martínez Estrada

*Sarmiento - Meditaciones Sarmientinas -
Los invariantes históricos en el* Facundo
por Ezequiel Martínez Estrada

*Variaciones vanguardistas.
La poética de Leónidas Lamborghini*
por Ana Porrúa

Andares clancos.
Fábulas del menor en
Osvaldo Lamborghini, J.C. Onetti, Rubén Darío,
J. L. Borges, Silvina Ocampo y Manuel Puig
por Adriana Astutti

La dicha de Saturno.
Escritura y melancolía en la obra de
Juan José Saer
por Julio Premat

Desencuadernados.
Vanguardias ex-céntricas en el Río de la Plata.
Macedonio Fernández y Felisberto Hernández
por Julio Prieto

Las vueltas de César Aira
por Sandra Contreras

Fulguración del espacio.
Letras e imaginario institucional de la
revolución cubana (1960-1971)
por Juan Carlos Quintero Herencia

La dorada garra de la lectura.
Lectoras y lectores de novela en América Latina
por Susana Zanetti

Gabriela Mistral.
Una mujer sin rostro
por Lila Zemborain

Biblioteca Estudios Culturales

Las culturas de fin de siglo en América Latina,
por Josefina Ludmer (comp.)

Humor, nación y diferencias.
Arturo Cancela y Leopoldo Marechal,
por Ana María Zubieta

médicos maleantes y maricas.
Higiene, criminología y homosexualidad
en la construcción de la nacionalidad
(Buenos Aires 1871-1914),
por Jorge Salessi

Hacia una poética radical.
Ensayos de hermenéutica cultural,
por William Rowe

Memoria colectiva y políticas de olvido.
Argentina y Uruguay, 1970-1990,
por Adriana Bergero y Fernando Reati (comps.)

Mundo Nuevo.
Cultura y guerra fría en la década del 60,
por María Eugenia Mudrovcic

Entre civilización y barbarie.
Mujeres, Nación y Cultura literaria
en la Argentina moderna,
por Francine Masiello

Imágenes de vida, relatos de muerte.
Eva Perón: cuerpo y política
por Paola Cortés Roca y Martín Kohan

Juegos de seducción y traición
Literatura y cultura de masas
por Ana María Amar Sánchez

Mapas de poder
Una arqueología literaria del espacio argentino
por Jens Anderman

Ficciones somáticas.
Naturalismo, nacionalismo y políticas médicas
del cuerpo (Argentina 1880-1910)
por Gabriela Nouzeilles

Biblioteca Ficciones

El llanto, por César Aira

Los elementales, por Daniel Guebel

El volante, por César Aira

Cómo me hice monja - La costurera y el viento, por César Aira

Fina voluntad, por Milita Molina

40 watt, por Oscar Taborda

Santo, por Juan José Becerra

Muero contento, por Martín Kohan

Dos obras ordinarias, por Sergio Bizzio y Daniel Guebel

La fuente, por César Aira

Antes de la ventura, por Rodrigo Lara

Los dos payasos, por César Aira

El alejamiento, por Sergio Delgado

El encuentro, por Mario Herrero

La deriva, por Osvaldo Aguirre

El mensajero, por César Aira

La creciente, por Carlos Dámaso Martínez

El llamado de la especie, por Sergio Chejfec

La serpiente, por César Aira

Bingo, por Damián Tabarovsky

Bajo un manto de estrellas - El misterio del ramo de rosas, por Manuel Puig

La tajada - Gardel, uma lembrança, por Manuel Puig

El intérprete, por Néstor Ponce

Kafka de vacaciones, por Damián Tabarovsky

Triste golondrina macho - Amor del bueno - Muy señor mío, por Manuel Puig

La trompeta de mimbre, por César Aira

El antílope, por Mariano Fiszman

La temporada, por Esteban López Brusa

Los Pelados, por Sergio Rigazio

Zaira y el profesor, por Betina Keizman

Millas, por Pedro Fernández Mouján

Un episodio en la vida del pintor viajero, por César Aira

La laguna, por Sergio Delgado

Sueño Macho, por Facundo Bañez

Ana M. 1945, por Gabriela Ini

Zona de derrumbe, Margo Glantz

Fragmentos de un diario en los Alpes, por César Aira

Palacio de los aplausos, por Arturo Carrera y Osvaldo Lamborghini

Se terminó de imprimir en el mes de octubre de 2002
en los Talleres Gráficos Nuevo Offset
Viel 1444, Capital Federal
Tirada: 1.000 ejemplares